Droemer
Knaur®

Eli Jaxon-Bear

Die neun Zahlen des Lebens

Das Enneagramm - Charakterfixierung und spirituelles Wachstum

Aus dem Amerikanischen übersetzt
von Sabrina Lorenz

Droemer Knaur

Cip-Titelaufnahme der Deutschen Bilbliothek

Jaxon-Bear, Eli
Die neun Zahlen des Lebens:
Das Ennegramm - Charakterfixierung und
spirituelles Wachstum / Eli Jaxon-Bear.
Aus dem Amerikanischen übersetzt von Sabrina Lorenz.-
München: Droemer Knaur, 1989
Einheitssacht.: The heart of suffering ‹dt.›
ISBN 3-426-26405-6

Titel der amerikanischen Originalausgabe: »The heart of suffering«

Illustrationen: Ann Williams
Umschlaggestalung: Atelier Zero, München
Texterfassung: Fa. Appl, Word Perfect 4.2
Umbruch: Ventura Publisher im Verlag
Reproduktion: Repro Siefert, Ulm
Druck- und Bindearbeiten: Freiburger Graphische Betriebe
Printed in Germany
ISBN 3-426-26405-6

2 4 5 3 1

Inhalt

Zum Geleit

Georges Gurdjieff soll vor etwa 80 Jahren das Enneagramm in seiner heute gebräuchlichen Form als erster in den Westen gebracht haben, doch erst durch Oscar Ichazo und sein Arica-Training wurde die Kenntnis dieses traditionellen Systems der Persönlichkeitsbeschreibung in den USA populär. Inzwischen liegt mindestens ein halbes Dutzend neuzeitlicher Bearbeitungen des Stoffs in amerikanischer Sprache vor.

Das Buch von Eli Jaxon-Bear »Die neun Zahlen des Lebens/ Das Enneagramm - Charakterfixierung und spirituelles Wachstum«, das ich, um es vorwegzunehmen, Ihnen wärmstens empfehle, ist die erste Darstellung des Systems in deutscher Sprache. Wozu dient dieses Buch? Ist es am Ende nur eine weitere Landkarte für das Studium der vielfältigen Art und Weise, in denen wir Menschen der Erbsünde, d.h. der Verirrung auf dem Weg der Entfaltung des Menschlichen, unterworfen sind? Genügen nicht Astrologie und Kretschmersche Typologie, Freudsche Trieb- und Jungsche Typenlehre, bioenergetische Charakterkunde usw. zur Besiegelung unserer emenschlichen Beschränktheit oder als erster Versuch einer Annäherung an eine Antwort auf die jedem von uns schicksalhaft gestellte Frage: »Was bist du für ein Mensch?«

In den meisten Darstellungen des Enneagramms geht es um besseres moralisches oder psychologisches Funktionieren. Eli Jaxon-Bear erhebt den Anspruch, mit dem vorliegenden Band eine Einführung in die Charakterologie des Enneagramms zu geben und die Möglichkeiten der schrittweisen Lösung von den Charakterfixierungen durch spirituelles Wachstum und durch Entfaltung von Tugenden aufzuzeigen. Eli Jaxon-Bear geht es um »enlightenment«, um Aufklärung, ums Aufwachen aus dem alltäglichen Traum der durch konditionierte Gewohnheiten fixierten Selbstbeschränkung in Wahrnehmung und Gestaltung der Wirklichkeit.

Die Alten sagen, wir Menschen leben in vier Königreichen: »Gott schläft in den Steinen, atmet in den Pflanzen, träumt in den Tieren und erwacht im Menschen.« Steine sind da, materialisiert, geschaffen, materiell existent - am Ende zerfallen sie. In unserer Steinnatur schläft das Göttliche im Menschen, wir existieren objekthaft als Geschöpfe, versichern uns unserer schieren Existenz durch Austausch von Beachtung in jeglicher Form und kämpfen gegen den allmählichen Zerfall. Wenn wir - ob durch Existenzbedrohung, Mißachtung und durch Mangel oder Übermaß an Beachtung - in unserer Entwicklung auf dieser Stufe fixiert sind, steht der Kampf ums Dasein durch Abwehr der Phantasien von der drohenden Vernichtung im Vordergrund.

In unserer Pflanzennatur sind wir den kosmischen Rhythmen und den Gesetzen des Stoffwechsels unterworfen: Hier neigen wir dazu, passiv wie das ortsgebundene Gemüse zu vegetieren, uns den gegebenen Bedingungen anzupassen und uns je nach Wetterlage zu öffnen oder zu verschließen. Auf dieser Stufe beschäftigen uns die Rhythmen von Nahrungsaufnahme und Ausscheidung, der Hausfrieden und der Wechsel von Geben und Nehmen. Wir tun alles, um in jeder Beziehung Austausch und Harmonie zu sichern und neigen dazu, Alter und Tod als Welken und Eingehen zu fürchten.

Als Tiere sind wir den Trieben unterworfen, suchen Lust und meiden Schmerz, nutzen die Aggression für Kampf und Flucht, bewegen uns auf die anderen zu, von ihnen weg und gegen sie, bauen Höhlen oder Nester, messen unsere Kraft, markieren und verteidigen Territorien und balzen - mit Mode, Auto, demonstrierter Überlegenheit usw. - wie jeder gute Platzhirsch. Hier geht es uns um Triebbefriedigung; wenn sie uns versagt bleibt, fürchten wir zu verenden.

Verhaltensforschung und Tiefenpsychologie haben in diesem Jahrhundert großartige Fortschritte gemacht in der Behandlung von erworbenen Selbstbeschränkungen. Erklärtes Ziel und Maßstab für Erfolg waren dabei in der Regel: besseres Funktionieren in puncto Befriedigung der Bedürfnisse im Bereich der drei erstgenannten »Königreiche«. Erst in letzter Zeit wurden zunächst durch den psychoanalytischen Außenseiter C. G. Jung, dann durch Vertreter der Humanistischen Psychologie wie Rogers, Frankl und vor allem Maslow, spezifisch menschliche Qualitäten und Bedürfnisse wieder mehr ins Blickfeld der psychologischen Betrachtung gerückt. Wie vordem die großen geistigen Traditionen lehrt uns heute die Humanistische Psychologie in der Sprache unserer Zeit, daß uns die menschliche Lust zu Hoffnung, Glaube, Liebe, Selbstbewußtsein und Dienst an der größeren Gemeinschaft innewohnt wie den Steinen die Lust zum Dasein, den Pflanzen das Bedürfnis zu Austausch in Harmonie und den Tieren der Drang nach Status, Macht und Sex.

Dieses »menschliche Potential« - Jesus nannte es die Talente, mit denen wir wuchern sollen - drängt uns zur Selbstverwirklichung, wie uns der biologische Hunger zur Sättigung treibt. Im Gegensatz zu den anderen Lebewesen sind wir jedoch in der Lage, unsere Bewußtseinskräfte zu mißbrauchen zur Selbstnarkose, die uns hilft, unser Menschsein zu verschlafen und auf einer Stufe unterhalb unserer menschlichen Möglichkeiten stehenzubleiben.

Ein Forscher sagte einmal, er habe das fehlende Glied in der Evolution zwischen Affen und Menschen entdeckt: das fehlende Glied seien wir. Als potentielle Menschen tragen wir in uns zwar ein inneres Wissen, daß es für uns mehr gibt als sachliches Dasein, pflanzliche Harmonie und tierische Triebbefriedigung, doch die meisten Menschen scheinen ihrem eigentlichen Wesen fremd zu bleiben. Wir haben zwar potentiell die Fähigkeit, das Bedürfnis und die Aufgabe zugleich, uns unser selbst und unserer Gaben bewußt zu werden, doch in der Regel müssen wir erst an unserer Selbstbeschränkung leiden, um aufzuwachen für unsere menschliche Natur. Wenn wir unsere Fixierung auf vormenschlicher Stufe erkennen und uns auf unsere menschlichen Bedürfnisse bzw. Werte besinnen, können wir lernen, unabhängiger zu werden von äußerer Daseinsbestätigung, auch bei ungünstigen Bedingungen den persönlichen Weg zu gehen und um einer höheren Lust willen auf Triebbefriedigung teilweise zu verzichten. Erwacht, sind wir am Ende des persönlichen Lebens Zeuge des ewigen Lebens.

Eli Jaxon-Bears Darstellung des Enneagramms ist kein Rezeptbuch mit Anweisungen, wie man die Hölle vermeiden, in den Himmel kommen oder ganz besonders spirituell werden kann. Sie ist vielmehr eine Einführung in die Arbeit an sich selbst. Es geht dabei ums Aufwachen aus dem Schlaf der Charakterfixierungen.

Dieses Buch enthält Darstellungen der neun Fixierungen mit den für sie charakteristischen Formen der Selbstbeschränkung in Wahrnehmung, Erleben, Denken und Handeln. Dieser Teil fällt knapper, andererseits auch griffiger aus als bei anderen Autoren. Dabei besticht die klare Gliederung des Materials: Oberbegriffe wie spezifische Leidenschaft, Idealisierung, Redestil, Falle, Abwehrmechanismus, Vermeidung und bevorzugter Zwiespalt (Dichotomie) erleichtern die Differenzierung und Gewichtung der einzelnen Faktoren.

Besonders wertvoll finde ich die Darstellung der jeweilig nächsten Entwicklungsstufe. Jeder Fixierung (»Untere Oktave«) entspricht eine »Höhere Oktave« (z.B. dem zornigen Perfektionisten der Herrscher, dem Helfer die Muttergöttin, der Mißbrauch treibenden Persönlichkeit der Krieger usw.), der man sich schrittweise nähern kann, wenn man die entsprechende »Heilige Idee« pflegt und den »Heiligen Weg« geht. Dabei gelingt es dem Autor in beeindruckender Weise, die arrogante Neigung zu Selbst- und Weltverbesserung zu unterlaufen. Durch die Art seiner Darstellung schafft er ein akzeptierendes

Klima, das es dem Leser erleichtert, sich selbst und seinen Mitmenschen die menschliche Beschränktheit zu vergeben, im Erkennen der eigenen Fixierung heimzukehren, aufzuwachen für die Vollkommenheit des persönlichen Weges und die Augen zu öffnen für die darüber hinausweisenden Möglichkeiten.

Über seine aufklärende oder erhellende Wirkung hinaus ist das Buch ein besonderes Lesevergnügen. Eli Jaxon-Bears Sprache ist packend und deutlich, in der knappen Darstellung einzelner Persönlichkeiten belustigend, doch nie polemisch. Bei aller Betroffenheit wird der Leser stets getragen von liebevollem Humor, der manchmal beißt, doch nie verletzt.

Es ist wohl wahr, daß der Weg mit einem Expeditionsleiter in Gestalt eines mit dem System und dem Territorium vertrauten Begleiters oder Lehrers dem Alleingang mit Hilfe einer Wegbeschreibung in Buchform vorzuziehen wäre. Doch scheint die Zahl der glaubwürdigen, in den Traditionen erfahrenen Lehrer rar im Verhältnis zum wachsenden Hunger nach mehr Menschlichkeit. In dieser Situation bin ich dankbar für diese benutzerfreundliche Anleitung zur Selbsterkenntnis, in der der Autor stets in seiner leidenschaftlichen Mitmenschlichkeit spürbar präsent ist.

Wolf Büntig

ZIST, Penzberg, 20. April 1989

Danksagung

Von Jerry Perkins lernte ich das sogenannte »Enneagramm der Persönlichkeit«. Die erste Berührung mit diesem System veränderte mein Leben unwiderruflich. Ich belegte Jerrys Kurs dreimal hintereinander. Danach lernte ich weiter bei Kathleen Riordan Speeth und Claudio Naranjo. Ich bin all meinen Lehrern dankbar - und denen, die sie gelehrt haben. Oscar Ichazo war dafür verantwortlich, daß das Enneagramm in seiner gegenwärtigen Form in den Westen gelangte. Ohne Oscars Beitrag wäre die Arbeit mit dem Enneagramm, so wie sie jetzt stattfindet, unmöglich.

Das vorliegende Buch basiert auf Workshops, die Jerry Perkins und ich gehalten haben. Viele der Einsichten und Anekdoten stammen aus Jerrys enormem Wissen auf diesem Gebiet.

Ich habe das System meinen eigenen Bedürfnissen angepaßt und einige wichtige Veränderungen vorgenommen. Den Begriff der »Haupteigenschaft« habe ich weggelassen. Ich fand, daß es sich dabei nicht immer um eine echte Haupteigenschaft handelte und daß der Begriff bei Neulingen im Umgang mit dem System oft Verwirrung stiftete. Außerdem habe ich die Benennung der »Höheren Oktave« hinzugefügt. Andere mögen Fehler finden und ihre eigenen Veränderungen vornehmen. Es handelt sich um ein sehr altes System, das vital und lebendig ist. Die Genauigkeit, mit der es die Welt der Erscheinungen beschreibt, wird sich immer weiter entwickeln.

Ich danke meinen Lehrern dafür, daß sie mir ein unschätzbares Werkzeug gegeben haben, das in der realen Welt direkt anwendbar ist. Ich übernehme die volle Verantwortung für etwaige Unvollständigkeiten oder Mängel der hier vorliegenden Arbeit. Möge dieses System einen ebenso tiefgreifenden Einfluß auf deine Psyche haben, wie es bei mir der Fall war.

Vorwort

Möge dieses Buch ein Stück des fruchtbaren Bodens sein, in dem 4 Milliarden Eicheln Wurzeln schlagen und zu einem riesigen Wald heranwachsen.

Als ich 18 Jahre alt war und gerade an der Universität von Pittsburgh zu studieren begann, verbrachte ich eine Woche mit der gewaltlosen Studentenbewegung SNCC in Montgomery, Alabama. In Selma war gerade ein weißer Priester, Reverend James Reeb, zu Tode geprügelt worden, während wir friedlich das Wahlrecht für Schwarze forderten und uns dem Terror eines Schlagstöcke schwingenden Polizeiaufgebots gegenübersahen.

Im Sommer 1968 lebte ich in Chikago und arbeitete als Sozialarbeiter im Ghetto. Als die demokratische Partei in der Stadt tagte, kämpften wir in den Straßen gegen die Polizei, um den Vietnamkrieg zu beenden. Ich wurde von Polizisten verprügelt und ins Gefängnis geworfen - und dabei prüfte ich den Mut, der hinter meinen Überzeugungen stand. Dadurch, daß ich bereit war, mein Leben für die Beendigung des sinnlosen Gemetzels zu geben, gewann mein Leben an Bedeutung. Ich bin durch diese Aktionen unsagbar gewachsen, Schwarze können jetzt wählen, und der Krieg in Vietnam ist vorbei. Und doch ... das Leiden setzt sich fort, von den Ghettos in Soweto und Oakland bis hin zur globalen Vergiftung unserer Mutter Erde. Ich habe gelernt, daß soziale Bewegungen die Erde wirklich verändern können. Ich habe erfahren, welche transformative Qualität darin liegt, sich für Dinge zu engagieren, die über das Persönliche hinausreichen. Und doch ... Ich bin zu der Überzeugung gelangt, daß jede Gesellschaft, Philosophie, Religion, Ideologie, Revolution oder soziale Massenbewegung letztendlich vom Bewußtsein des einzelnen abhängt. Jeder von uns besitzt ein einzigartiges Geschenk, das er mit der Welt teilen kann. Dieses Geschenk liegt meist unter einer Schicht von

Angst, Schmerz und Zorn verborgen. Die Welt verlangt, daß wir aufwachen und entdecken, wer wir wirklich sind, daß wir uns befreien und zum Licht zurückfinden, daß wir uns im Licht der Sonne sehen. Dieses Buch soll ein hilfreiches Werkzeug in diesem Prozeß sein - das ist mein brennender Wunsch.

Georges Gurdjieff, vielleicht der Urvater des New Age und der erste, der das Enneagramm im Westen lehrte, benutzte die Metapher der Eicheln. Er sagte, jeder von uns ist wie eine Eichel. Schau dir eine Eiche an und sieh, wie viele Eicheln Jahr für Jahr entstehen. Schau dir eine Eichel an und sieh das ungeborene Potential der Eiche. Und wie viele davon werden zu Eichen? Die Eicheln, aus denen keine Bäume wachsen, verwandeln sich in einen Teil des fruchtbaren Bodens zurück, in dem eine zukünftige Eichel Wurzeln schlägt und zum Baum wird. Es ist an der Zeit, daß jeder von uns, einer nach dem anderen, aufwacht, Wurzeln schlägt und zur Eiche wird. Unsere Mutter Erde ruft uns. Schlage Wurzeln! Werde zur Eiche.

Teil I

Der Mythos

Vor langer, langer Zeit gab es eine Schule für Götter und Göttinnen. Wenn eine Seele durch viele Leben voller Aufgaben und Wachstum heranreifte, stieg sie zu verschiedenen Schulen in verschiedenen Galaxien des Universums auf. Einige Seelen lernten sehr schnell und kamen rasch weiter, während andere etwas schwerfälliger und mehr an die Form gebunden waren. Für diese Seelen wurden Hilfsschulen eingerichtet. Dort konnten sie ihrem eigenen Tempo gemäß lernen, abseits vom Zentrum des Universums, wo durch sie Unordnung hätte entstehen können.

Auf einem winzigen Planeten, Millionen Lichtjahre von irgendeinem Zentrum entfernt, gab es eine solche Hilfsschule. Damit die Seelen dort ihre Lektionen lernten, mußte alles sehr einfach sein. So gab es in dieser Schule nur neun verschiedene Möglichkeiten, den Charakter zu manifestieren.

Wenn eine Seele dabei war, sich zu inkarnieren, stand sie in der Mitte eines Kreises von Göttern und blickte in jede der neun Richtungen. Alle vergangenen Gedanken, Gefühle und Taten der Seele waren wie eine gigantische Flutwelle, die sie im Kreise herumwirbelte. Und während sie sich jeder der neun Richtungen zuwandte, nahm die Seele einiges der jeweiligen Rolle in sich auf, ihren vergangenen Taten entsprechend.

Die Seele drehte und drehte sich im Kreise, bis sie schließlich in Trance fiel und einschlief. Und dabei sah sie in die Richtung, in der sie sich inkarnieren würde. Und die Seele wählte diese Rolle für ihr Leben. Die neun möglichen Rollen auf diesem Planeten waren: der Herrscher, die Göttliche Mutter, der Magier, der Künstler, der Mystische Philosoph, der Heldenvater, das Magische Kind, der Krieger und der Heilige.

Die Seele wählte ihre Rolle und inkarnierte sich. Und dabei wurde sie vom Strudel ihrer vergangenen Taten so heftig herumgewirbelt, daß sie die Rolle vergaß, die sie gewählt hatte, und noch tiefer schlief und zu träumen begann.

Als die Seele in die Welt hineingeboren wurde, taumelte sie

noch immer, bewegt durch die Kraft der Welle. Sie träumte, sie wäre wach, und veränderte dadurch die Natur der Rolle, die sie spielen sollte. Aus der Rolle des Herrschers wurde die neurotische Erscheinung des Herrschers, der ärgerliche Perfektionist. Aus der Göttlichen Mutter wurde die neurotische Form des Helfers, der gibt, um Liebe zu bekommen. Aus dem Magier wurde die neurotische Form des Magiers, der sich verkauft, um den Vorstellungen der Gesellschaft zu entsprechen. Aus jeder der neun Rollen wurde eine Schlafwandler-Version.

Als viele tausend Jahre vergangen waren, begannen sich alle bei diesem Spiel fürchterlich zu langweilen. Der Rest des Universums war so weit fortgeschritten, daß kaum noch jemand an diese kleine Schule für zurückgebliebene Seelen dachte. Aber dann begannen die Seelen, die so in ihrem Spiel verfangen waren, sich mit immer größerer Schnelligkeit zu verkörpern. Und als sie Waffen entwickelten, mit denen sie die kosmische Hülle zerreißen und das Gleichgewicht eines ganzen Weltraumsektors stören konnten, war man sich schnell darüber klar, daß etwas getan werden mußte.

Und so gab man ihnen das Handbuch mit den Regeln. Man gab ihnen die Skripte für die Rollen, die sie gespielt hatten. Sie standen noch immer vor der Wahl, entweder ihre Krippe, genannt Mutter Erde, zu vernichten oder ihr Durcheinander in Ordnung zu bringen. Aber sie hatten zumindest eine kleine Hilfe bekommen.

Und was glaubst du, haben sie getan? So oder so werden wir es alle herausfinden.

Erwachen

Wenn ein Taschendieb dem Buddha begegnet, sieht er nur dessen Taschen.
Zen-Sprichwort

Jeder von uns ist auf seine Weise ein Taschendieb. Wir haben alle die Angewohnheit, nicht den Buddha zu sehen, sondern nur seine Taschen. Und da wir nur die Taschen sehen, sind wir nicht nur unfähig, den Buddha in den anderen zu erkennen, wir sehen auch den erleuchteten Teil in uns selbst nicht. Das ist der Ursprung des Leidens. (Buddha bedeutet lediglich »wach«. Wir können genausogut Christus sagen oder Göttin oder irgend etwas anderes, das für erleuchtetes Wachsein steht.)

Im tiefsten Inneren wissen wir, daß wir vom Leben abgeschnitten sind. Wir wissen, daß wir von unserem Geburtsrecht, erleuchtet und kreativ in einer perfekten Welt zu leben, getrennt sind. Selbst wenn uns diese Wahrheit nicht bewußt ist, drückt doch alles, was wir tun, unser Verlustgefühl aus. Unerkannte Gefühle um den Verlust des Göttlichen schaffen Angst, Schmerz und Zorn. Diese negativen Emotionen bilden den Kern unserer Charakterfixierung.

Unser Taschendiebdasein hindert uns daran, den Buddha in uns selbst und im anderen zu sehen. Wir schauen jemanden an und sehen sofort seine Taschen - was auch immer »Taschen« für uns bedeutet. Vielleicht ist es die Art, wie er sich kleidet oder der Klang seiner Stimme. Die Geschichte, die wir uns dann erzählen, betrifft seine Rolle in der Gesellschaft und die in der Schmierenkomödie oder dem Melodrama unseres Lebens. Vielleicht schreien wir den »blöden Taxifahrer« an, der uns auf der Straße geschnitten hat, oder einen »sturen Vater«, der unseren Standpunkt nicht begreift. Auf diese Weise hindern wir uns daran, den Buddha in uns und in den anderen zu sehen. Anders ausgedrückt: Wir leben alle in Trance. Solange wir nicht erkennen, daß wir in der Tat in einer Art

Trance schlafwandeln, haben wir kaum eine Chance aufzuwachen. Das mag ein verwirrender Gedanke sein, und doch ist dies nicht geheimnisvoller als die Widersprüche unseres täglichen Lebens.

Die Schichten der Trance aufzulösen ähnelt dem Häuten einer Zwiebel. Beim Entfernen jeder durchscheinenden, glasigen Schicht enthüllt sich die nächste. Es kann beim Ablösen ein paar Tränen geben, und je weiter du nach innen kommst, desto zarter und saftiger, dünner und leuchtender werden die Schichten. Wenn du den Mittelpunkt erreichst, ist nichts da. Dort ist die strahlende, latente Kraft, die die Buddhisten das »Ungeborene« nennen, das vor Zeit und Raum, vor Energie und Materie steht. Hier ist unser Ausgangspunkt. Hier sind wir bereits erleuchtet, wach und kreativ. Die Auflösung der Schichten unseres Egos wird zur Reise in die Heimat.

Wie wir - zumindest intellektuell - wissen, kann sich ein Elektron, je nach Standpunkt des Beobachters, entweder wie ein Teilchen oder wie eine Welle verhalten. Theoretisch können wir also auch uns selbst als Welle oder als feststehendes Wesen betrachten.

Wir wissen, daß sich unsere Welt aus etwas zusammensetzt, das wir als Atome bezeichnen. Wir wissen, daß die Atome in ständiger Bewegung sind, daß sie aus subatomaren Teilchen bestehen, die ununterbrochen ihre Erscheinungsform ändern. Warum sehen wir das nicht, wenn wir einen Stuhl betrachten? Unsere Augen lassen uns glauben, ein Stuhl sei etwas Festes. Außerdem können wir darauf sitzen. Wir können das Holz und das Sitzpolster fühlen, und wenn jemand mit einem Stuhl auf uns einschlägt, kann er uns damit töten. Was ist das? Was fühlen wir? Auf was sitzen wir? Wer sind wir? Was ist das tanzende, blinkende, pulsierende und vibrierende elektromagnetische Feld, das wir als Stuhl bezeichnen?

Obwohl unsere Gedanken, unsere Gefühle und unser Verhalten weniger konkret sind als unsere Möbel, erscheinen sie auf ihre Art genauso solide und real. Wir neigen dazu, daran zu glauben, daß wir unsere Gedanken, Gefühle und Verhaltensweisen *sind.* Wir verhalten uns auf bestimmte Weise, wir sind gewohnt, auf bestimmte Art zu denken und zu fühlen, und wir haben gewisse Vorstellungen, warum die Dinge so sind, wie sie sind. In Beziehungen werden wir immer auf die gleiche Art verletzt. Wir begegnen dem Leben mit gewohnheitsmäßigem Verhalten und denken: Das sind wir.

Glücklicherweise sind wir leichter zu durchschauen als Stühle. Bevor wir aber herausfinden können, wer wir sind, müssen wir herausfinden, wer wir nicht sind. Bevor wir aufwachen können, müssen wir erkennen, daß wir schlafen.

Als ich klein war, lag ich manchmal im Bett und träumte, daß ich wach wäre und aufs Klo ginge, und dann machte ich ins Bett. Ich glaube, so ist das Leben: Man liegt in einem nassen Bett und gibt jemand anderem die Schuld dafür.

Wir fürchten uns davor, im Dunkeln zur Toilette zu gehen. Wir sind verletzt, weil nicht ein anderer für uns gegangen ist. Wir sind wütend und geben jemand anderem die Schuld am nassen Bett. Wir fühlen uns als Opfer in der Gewalt der nassen Laken. Nur weil wir in unserer Trance annehmen, alle seien wach, können wir Schuld zuteilen und die Dinge persönlich nehmen. Unsere Persönlichkeit ist ausgeformt, wenn wir ungefähr drei bis fünf Jahre alt sind. Und auf dieser Stufe des Erwachsenwerdens bleiben wir meist stehen. Das ist einer der Hauptgründe für unser Leiden. Das Enneagramm bietet eine Möglichkeit, erwachsen zu werden.

Die Trance, die uns im Schlaf hält, besteht unter anderem aus der Illusion, wir seien der Mittelpunkt der Welt. Jeder von uns ist der Held in seinem eigenen Theaterstück und das Zentrum, um das sich seine Welt dreht. Jeder von uns fühlt sein Überleben bedroht, weil wir uns in der Illusion verloren haben, vom Rest der Welt getrennt zu sein. So werden unsere Ur-Angst und unser Leid geschaffen - das ist der Ursprung des Leidens.

Angst, sich schuldig fühlen, anderen die Schuld geben - das hält uns in Trance.

Wenn wir anfangen zu entdecken, wie tief wir alle schlafen, können wir den Prozeß des Aufwachens beginnen. Und es ist klar, daß wir, wenn wir nicht aufwachen, der Selbstzerstörung entgegengehen.

Die geschichtliche Entwicklung spitzt sich zu. Es ist aufregend zu sehen, daß es in Krisenzeiten zu großen Veränderungen kommt. Als ich dem Tode nahe war, als ich meinem eigenen Tod gegenüberstand, erlebte ich meine größten Verwandlungen. Die Welt bewegt sich mehr und mehr auf ihren Tod zu. Das schafft für uns alle die Möglichkeit aufzuwachen, zu erkennen, wer wir wirklich sind, und unseren Platz als erleuchtete Wesen in einem Universum aus göttlicher Intelligenz einzunehmen.

Die tiefste Erkenntnis im tantrischen Buddhismus Tibets stammt von Padmasambhava. Er sagt, Nirvana (der Himmel) und Samsara (die höllische Trance, die wir Realität nennen) sind in Wahrheit ein und dasselbe. Er sagt, Himmel und Hölle sind dasselbe, beide sind von uns erschaffen. Auf den folgenden Seiten werden wir sehen, wie wir unser Leiden und unsere Hölle erschaffen – und wie wir den Weg zur Befreiung finden.

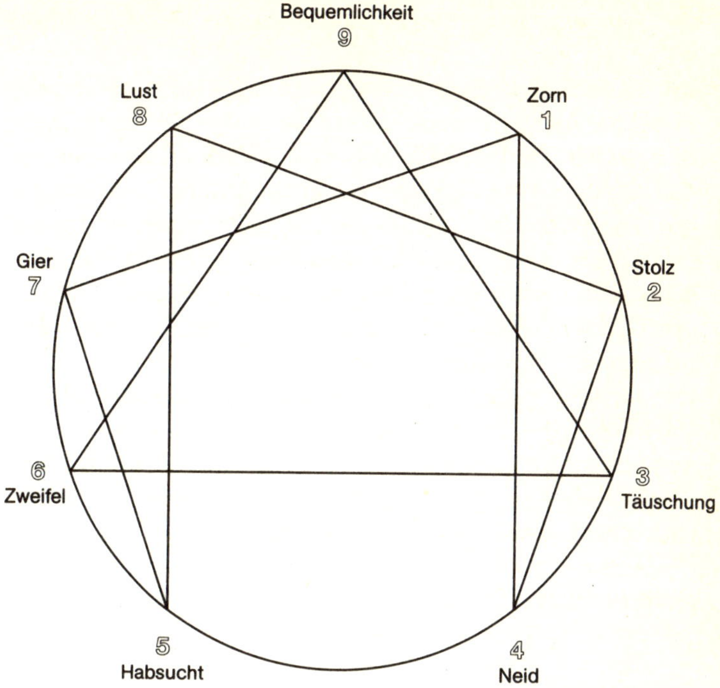

Abbildung 1: Das Enneagramm der neun Leidenschaften

Das Enneagramm der Charakterfixierung

Das Wort Enneagramm kommt aus dem Griechischen und bedeutet »Neuneck«. Das Enneagramm der Charakterfixierung ist ein Weg, Charaktertypen zu identifizieren, von denen es – diesem System zufolge – neun grundlegend verschiedene gibt. Die neun Typen werden in drei Hauptgruppen zusammengefaßt. Diese drei Haupklassifizierungen bedeuten, daß jeder Charakter auf einer von drei Grundhaltungen der Welt gegenüber basiert. Den Antrieb für diese drei Grundhaltungen bilden Zorn, Angst und Hysterie.

Innerhalb der drei Hauptklassifizierungen von Zorn, Angst und Hysterie gibt es jeweils drei verschiedene Versionen. Es gibt drei Zorn-Punkte, drei Angst-Punkte und drei Hysterie-Punkte (auch Image-Punkte genannt), die zusammen die neun Typen mit ihren neun Leidenschaften (vgl. Abb. 1) ausmachen. Zwischen diesem System und anderen wie Astrologie oder Numerologie besteht keine Verwandtschaft. Doch wenn man dieses hier erlernt hat, fangen andere Systeme, die so unterschiedlich sind wie Astrologie und Freudsche Psychologie, an, mehr Sinn zu ergeben.

Es sind viele erfolgreiche Bücher geschrieben worden, die einen oder mehrere dieser Charaktertypen beschreiben. Freud entwickelte seine Theorie hauptsächlich aufgrund von Beobachtungen der Psyche hysterischer Frauen. Bei Kindern von Alkoholikern, um nur eine oft behandelte Thematik herauszugreifen, geht es ebenfalls um spezielle Typen von Menschen, die man im Enneagramm wiederfindet.

Mit dem Erlernen dieses Systems wird man auch alle anderen Systeme zur Klassifizierung von Persönlichkeit und Charakter besser verstehen. Du wirst sehen, daß das Enneagramm der Charakterfixierung das vollständigste, umfassendste und detaillierteste System darstellt, mit dem du dich selbst und die Dynamik der Persönlichkeit verstehen kannst.

Als ich mit diesem System erstmalig in Berührung kam, wurde es das »Enneagramm der Persönlichkeit« genannt. Aber die

Persönlichkeit stellt ein Phänomen dar, das sich auf der Oberfläche der »charakterlichen Landschaft« bildet. Man kann einen mürrischen Zug in seiner Persönlichkeit haben und lernen, freundlicher zu werden. Oder man ist eine »scheue Person« und lernt, umgänglicher zu werden. So findet man Menschen mit derselben Charakterfixierung, die sehr unterschiedliche Persönlichkeiten manifestieren. Man denke an Chögyam Trungpa Rinpoche - ein erleuchteter tibetanischer Buddhist, der in Oxford studierte - und an Josef Stalin. Beide haben dieselbe Charakterfixierung, aber ihre Persönlichkeiten sind völlig verschieden.

Die Charakterfixierung bildet das Fundament, auf das sich die Persönlichkeit aufbaut. Die Charakterfixierung bleibt ein Leben lang dieselbe. Der Charakter kann erleuchtet sein oder schlafen, und in diesem Sinn kann sich die Qualität der Manifestation des Charakters ändern, nicht aber der Charakter selbst.

Unter Hypnose ist es möglich, eine Persönlichkeit drastisch zu verändern, indem man bestimmte Verhaltensweisen ändert. Der Charakter, auf dem sich die Persönlichkeit aufbaut, ändert sich jedoch nicht.

So beschreibt dieses System etwas viel Tieferes und Bedeutungsvolleres als bloße Persönlichkeits-Manifestation. Es beschreibt das Fundament unseres Charakters, das in einem Bezug zur Manifestation der Essenz unserer Seele steht. Würde es hier lediglich um Persönlichkeit gehen, wäre dieses System nur begrenzt und oberflächlich brauchbar.

Das Enneagramm liefert eine detaillierte Aufzeichnung des Charakters und zeigt spezifische Wege zur Erleuchtung und Transzendenz für jeden Charaktertyp. So liegt in diesem System ein unschätzbares Werkzeug für die Arbeit an uns selbst.

Kurze Geschichte des Enneagramms

In P.D. Ouspenskys *Auf der Suche nach dem Wunderbaren* stieß ich zum erstenmal auf das Enneagramm.[1] Ouspensky, ein russischer Mathematiker und mystischer Philosoph, war ein Schüler von Georges Iwanowitsch Gurdjieff. Gurdjieff behauptete, das Enneagramm sei der Schlüssel zu dem speziellen Wissen, mit dem er seine Schüler zur Erleuchtung führe. Er war der erste, der das Enneagramm in den Westen brachte und hier damit arbeitete. Er sagte, es stamme aus einer uralten mündlichen Überlieferung der zentralasiatischen Mysterienschulen.

Der Ursprung des Enneagramms liegt im Dunkel von Vergangenheit und Geheimhaltung verborgen. Einige führen es auf die Naqshbandi-Bruderschaft der Sufis zurück. Der Psychologe J.G. Bennett, ein weiterer Schüler Gurdjieffs, schreibt es einer alter Bruderschaft in Mesopotamien zu – der Sarman- oder Sarmoun-Bruderschaft, die vor etwa eintausend Jahren von Babylonien in die Nähe von Buchara im jetzigen russischen Usbekistan zog.[2]

Der chilenische Psychiater Claudio Naranjo – einer der ersten, die das Enneagramm in seiner gegenwärtigen Form lehrten – sagt, er habe den genauen Standort des Klosters dieser Bruderschaft aufgespürt. Er glaubt, daß das Enneagramm in den Sufismus übernommen wurde, als der Islam Zentralasien überrannte. In Risos *Die neun Typen der Persönlichkeit*[3] findet sich eine interessante Diskussion dieser Herkunftstheorien.

Wo auch immer der Ursprung des Enneagramms in der Vergangenheit liegen mag, seine gegenwärtige Bedeutung verdankt es der Arbeit von Oscar Ichazo. Ichazo sagt, er habe das System von Sufi-Lehrern im Pamir in Afghanistan gelernt. Er war der erste, der viele der in diesem Buch enthaltenen Kate-

[1] Ouspensky, P.D.: *Auf der Suche nach dem Wunderbaren,* Weilheim, O.W. Barth Verlag 1966

[2] Bennett, J.G.: *Enneagramm Studies,* York Beach, Me., Samuel Weiser 1983

gorien aufgezeichnet und möglicherweise auch entwickelt hat. In Charles Tarts *Transpersonale Psychologie* wird Ichazos Methode der Arbeit mit dem Enneagramm beschrieben.[1]
Als Ichazo sein Arica-Institut in Chile aufbaute, gehörte Claudio Naranjo zu seinen ersten Schülern. Naranjo lernte das System von ihm und gab es Anfang der siebziger Jahre an eine Gruppe von Jesuiten am Esalen-Institut weiter, dann an einen Gurdjieff-Arbeitskreis in Berkeley. Naranjo baute Ichazos Beitrag weiter aus und begann, das System mit der modernen Psychologie in Einklang zu bringen. Charles Tart, Kathleen Riordan Speeth, Helen Palmer und andere gaben dem Enneagramm eine Form, die im täglichen Leben direkter anwendbar ist. Jerry Perkins, von dem ich das System lernte, gehört in diese Linie. Außerdem studierte ich mit Claudio Naranjo und mit Kathleen R. Speeth.
Ich bilde Therapeuten aus und lehre das Enneagramm als einen Weg, die zentralen Motive im Leben eines Menschen schnell zu erkennen. Zu diesem Zweck müssen die Kategorien einfach und offensichtlich sein. Mein Beitrag besteht vielleicht darin, das Enneagramm mit diesem Einführungsbuch für viele Menschen leicht zugänglich und erlernbar zu machen.

[3] Riso, Richard, *Die neun Typen der Persönlichkeit - und das Enneagramm,* München, Droemer Knaur TB 4213, 1989
[1] Tart, Charles: *Transpersonale Psychologie,* Olten, Walter Verlag 1978

Kosmische Gesetze

Dieses Kapitel ist zum Verständnis der Charaktertypen nicht notwendig und kann von denjenigen, die sich nicht für den Aufbau von Enneagrammen interessieren, übersprungen werden. Das Enneagramm ist ein neunzackiger Stern, der auf zwei kosmischen Gesetzen basiert: dem Gesetz der Drei und dem Gesetz der Sieben. Gurdjieff sprach von dem heiligen Gesetz der Drei und dem Gesetz der Oktave.

Das heilige Gesetz der Drei besteht aus dem heiligen Bejahen, dem heiligen Verneinen und dem heiligen In-Einklang-Bringen. Das Gesetz der Drei taucht in allen großen philosophischen und religiösen Systemen auf. Die Buddhisten nennen es »Die Drei Wurzeln«. Im chinesischen Taoismus heißt es Yang, Yin und Chi. Bei den Hindus heißt es Vishnu (Bejahen), Shiva (Verneinen) und Brahma (In-Einklang-Bringen). Die christliche Kirche nennt es Vater, Sohn und Heiliger Geist. (Ursprünglich waren es Vater, Mutter und Heiliger Geist; das änderte sich, als die Frau sozusagen vom Altar in den Schrank verbannt wurde und die Göttinnen-Verehrung unterdrückt wurde.)

Das Atom als mythisches Modell der wissenschaftlichen Welt basiert auf demselben Gesetz der Drei. In der Wissenschaft heißt das heilige Bejahen Proton, das heilige Verneinen Elektron und das heilige In-Einklang-Bringen Neutron.

In der Dialektik von Hegel oder Marx besteht das Gesetz der Drei aus These, Antithese und Synthese. Jede Aussage, jeder Augenblick erschafft seinen eigenen Widerspruch, seine eigene Polarität, seine Antithese. Die Transformation der dynamischen Spannung der Polarität in eine neue Einheit nennt man Synthese.

Das Enneagramm integriert das Gesetz der Drei in das Gesetz der Sieben oder das Oktavengesetz. In Ouspenskys Buch *Auf der Suche nach dem Wunderbaren* wird dies genau anhand von Gurdjieffs Theorien beschrieben.

Gurdjieff sagt unter anderem folgendes: Erhöht man einen

Ton mit 1000 Schwingungen pro Sekunde auf einen Ton mit der doppelten Anzahl von Schwingungen, so erfolgt dieser Anstieg nicht gleichmäßig. Es gibt Stellen, an denen er sich verlangsamt; der Fluß ist nicht stetig. An bestimmten Punkten entlang der Anstiegslinie beginnt der ursprüngliche Impuls, Energie zu verlieren; er benötigt einen Schock von außen, um weiterzusteigen. In einer Oktave gibt es auf dem Weg von einem Do zum nächsten bestimmte Stellen, an denen die ursprüngliche Schwingung langsamer wird und einen Schock von außen braucht. Diese Stellen entsprechen den fehlenden schwarzen Tasten auf dem Klavier.

Das Enneagramm vereinigt das Gesetz der Drei (oder die Schockpunkte) mit dem Gesetz der Sieben, der Oktave. Das innere Dreieck, bestehend aus Drei, Sechs und Neun, entspricht dem Gesetz der Drei. Diese Punkte bezeichnen auch die Schockpunkte einer Oktave. Die Oktave beginnt bei Neun, einem Schockpunkt, und wandert den Kreis entlang, wieder bis zur Neun, die sich nun auf einer höheren Ebene befindet. Dieses symbolische mathematische System ist mehrere tausend Jahre alt.

Um das Enneagramm psychologisch und spirituell anwenden zu können, ist es nicht nötig, seine mechanischen Gesetze zu verstehen. Es gibt eine Anzahl von Büchern über verschiedene Anwendungsgebiete des Enneagramms. Eine kosmische Betrachtungsweise findet sich in Rodney Collins' *Theory of Celestial Influence*[1].

[1] Collins, Rodney. Tl ory of Celestial Influence. Boston, Shambala 1984

Wie dieses System symbolisch wirkt

Ein Symbol ist ein psychologischer Mechanismus zur Umwandlung von Energie.
C. G. Jung

Auf der Reise des Geistes zum Bewußtsein seiner selbst gibt es auf vielen Ebenen Spiegel, die unterschiedliche Dimensionen der Reflexion bieten. Die Medizinräder, die heilenden Kreise und die Mandalas in allen Kulturen sind symbolische Repräsentationen. Sie sind Spiegel oder kosmologische Landkarten, die es der Menschheit ermöglichen, sich auf ihrer Reise zurück zu selbstbewußter Göttlichkeit wiederzufinden.

Das Enneagramm der Charakterfixierung ist ein solcher Spiegel für einen bestimmten Punkt in der Evolution des Bewußtseins. Es ist ein Werkzeug, das die Egostruktur des Charakters aufdeckt.

Freuds Konzept des Eros kann man dem taoistischen Konzept des »Chi« oder dem hinduistischen Sanskritbegriff »Prana« gleichsetzen. Die uns bewegende Lebenskraft kann blockiert sein, abgelenkt, zersplittert oder stagnierend. In manchen Bereichen kann sie reichlich vorhanden sein, in anderen zuwenig. So wie die Akupunktur den Menschen über den Körper erreicht und eine harmonische Zirkulation von Chi bewirkt, erreicht das Enneagramm uns über die geistige Symbolebene und bewirkt dort ähnliches. Das Ziel des Enneagramms besteht darin, bewußtes Verhaften an unbewußten Strukturen zu lockern. Dadurch wird Energie frei, die nötig ist, um den Sprung auf die nächste Ebene der Wesensgestaltung und Selbstidentifikation zu schaffen. Durch das Enneagramm können wir uns auf physischer, emotionaler und mentaler Ebene von Egostrukturen lösen, mit denen wir uns identifiziert haben.

Das Enneagramm kann ein Heilmittel sein, wenn das Bewußtsein in Egostrukturen gefangen ist. Wenn sich das Bewußtsein von dem höheren Selbst unseres eigentlichen Wesens abspaltet, erscheint es in der Welt als unser physischer, emotionaler und mentaler Körper. In uns allen haben sich Vorstellungen über uns und die Welt kristallisiert, die ein Ungleichgewicht zwischen unseren physischen, emotionalen und mentalen Körpern schaffen. Gurdjieff beschreibt diese Unausgewogenheit als »Durchsickern von Energie« von einem in einen anderen der drei Körper.

Jeder dieser Körper hat seinen eigenen Kopf. Das Enneagramm gibt uns ein Schema zum Verständnis und zur Arbeit mit dem kristallisierten Bewußtsein in diesen drei menschlichen Körpern. In jedem von uns hat ein Körper die Tendenz, sich die Energie der anderen anzueignen und zu versuchen, deren Arbeit zu übernehmen. So wie wir beim rechtshändigen Schreiben Energie in die rechte Hand ableiten und dabei die linke benachteiligen, so haben wir die Gewohnheit entwickelt, Energie in unseren drei Körpern umzuleiten.

Zum Gebrauch des Enneagramms

Es gibt eine berühmte Sufi-Geschichte über Mullah Naser Id'n: Der Mullah hat eines Nachts seinen Hausschlüssel verloren. Auf allen vieren sucht er im Lichtschein einer Straßenlaterne wie besessen jeden Zentimeter nach seinem Schlüssel ab. Ein Freund kommt vorbei und fragt: »Was machst du da?« Der Mullah antwortet: »Ich suche meinen Schlüssel.« Sein Freund sagt: »O wirklich? Hast du ihn denn unter der Laterne verloren?« Der Mullah schaut grinsend zu ihm hoch und antwortet: »Nein, ich habe ihn tatsächlich nicht hier, sondern dort drüben in den dunklen Büschen an der Pforte verloren, aber hier im Licht sieht man so viel besser.«

Gurdjieff, einer der ersten westlichen Lehrer, dessen Schüler mit dem Enneagramm arbeiteten, sagte: Jeder von uns hat eine Haupteigenschaft, und diese Haupteigenschaft ist für uns am schwersten zu erkennen. Wir schauen lieber unter der Straßenlaterne nach, als die Haupteigenschaft anzusehen.

Das Enneagramm liefert uns den Spiegel. Es gibt uns die Möglichkeit, die mechanisierte Funktionsweise des Egos zu sehen, mit der wir uns identifiziert haben. Oft ist es ein schmerzlicher Prozeß, aufzuwachen und festzustellen, daß das, was wir für einen einzigartigen Ausdruck unseres Selbst hielten, in Wirklichkeit ein Verhaltensmuster ist und so vorhersagbar wie ein Computerprogramm.

Da das Enneagramm so kraftvoll ist, kann es bei falschem Gebrauch in der persönlichen Entwicklung dazu führen, daß du noch tiefer in die Egofixierung zurückfällst – in das, was Ken Wilber »Vor-Bewußtsein« nennt. Vielleicht ist dir das Phänomen des Wochenendtrinkers bekannt, der eines Tages aufwacht und erkennt, daß er nun doch ein »Alkoholiker« ist und das als Rechtfertigung benutzt, um nun ständig zu trinken. Die große Gefahr bei diesem System liegt darin, daß es eine Rechtfertigung dafür werden kann, noch tiefer einzuschlafen. Das geschieht, wenn wir das Erkennen eines Musters benutzen, um dieses Muster weiter in uns zu behalten. Auf diese Weise rechtfertigen wir das Steckenbleiben im Melodrama unseres Lebens.

Mit Hilfe dieses Systems können wir anfangen, die Muster in uns selbst und in unseren Beziehungen zu erkennen. Wenn wir entdecken, daß jeder von uns ein bißchen anders »verdrahtet« ist und daß jeder beim Erfüllen derselben Aufgabe einen anderen Prozeß durchläuft, dann wird Verzeihen möglich. Wir können beginnen, uns selbst zu verzeihen, unseren Partnern, Eltern und Kindern. Wir können aufhören, von den Menschen in unserem Leben zu verlangen, sie sollten anders sein, als sie sind. Wir können aufhören, Äpfel von einem Birnbaum zu erwarten.

Wenn wir uns nicht mehr mit den mechanischen Mustern der Egofixierung identifizieren, hören wir auf, das Leben persönlich zu nehmen. Angst, Schuld und Beschuldigungen verlieren ihre Gültigkeit, wenn wir begreifen, wie mechanisch der größte Teil unseres Lebens abläuft.

Wenn wir diese Muster erkennen, findet etwas sehr Wichtiges statt. Unser Bewußtsein beginnt, mit unserem Unterbewußtsein und Überbewußtsein in Einklang zu kommen, von deren Existenz es möglicherweise nichts ahnte. Wenn wir dieses System erlernen und uns selbst beobachten, wird uns schnell klar, daß wir ein Unterbewußtsein besitzen; und auch die Möglichkeit eines Überbewußtseins beginnt sichtbar zu werden.

Das Bewußtsein wird nicht umhin können festzustellen, daß das Leben aus mehr besteht, als man auf den ersten Blick sieht. Du fängst vielleicht an, Verhaltensmuster an dir zu entdecken, die vorher unsichtbar waren. Wenn du diese Muster bis zu ihrem Ursprung zurückverfolgst, kannst du beginnen, mit dir selbst Frieden zu schließen, auf Ebenen, von denen du vielleicht noch nichts weißt. Vielleicht kennst du diese Ebenen auch schon, aber wenn du allmählich die Knoten löst, die den vollen Ausdruck deines Wesens blockieren, wirst du zweifellos erstaunt sein, wie fein das Netz gewoben ist, das die Zeit geprägt hat.

Ich empfehle dir, dieses Buch von Anfang bis Ende durchzulesen. Stelle beim Lesen der einzelnen Fixierungen Vergleiche mit dir, deinen Bekannten oder berühmten Persönlichkeiten an. Kümmere dich nicht darum, ob du recht hast, und hänge nicht zu sehr an ersten Eindrücken und Meinungen.
Es ist wichtig, sich klarzumachen, daß wir alle jedes Muster von Zeit zu Zeit manifestieren. An einer Stelle jedoch sind wir fixiert, eine Stelle ist unser Zuhause, und diese Stelle mag schwerer zu sehen sein.
Bestimmte Menschen werden sich sofort wiedererkennen, wenn sie über ihre eigene Fixierung lesen. Andere werden unsicher sein und Zweifel haben. Merke: Zweifel ist eine der Leidenschaften. Einige werden sich in allen Standpunkten erkennen. Normalerweise ist mehrmaliges Lesen nötig, um sich zu finden. Gehe es mit einer gewissen Leichtigkeit an, und versuche, spielerisch die Manifestationen aller Muster in dir und anderen zu entdecken.
Benutze dieses System nicht als Knüppel. Benutze es niemals, um deinen Partner in einem Streit zu übertrumpfen, indem du sagst: »Ach, das ist ja nur deine Fixierung.« Wenn du das in aggressivem oder herablassendem Tonfall sagst - du merkst das immer an der Reaktion deines Partners -, dann bist du in deiner Fixierung genauso verloren und keineswegs in der Verfassung, die Mängel anderer aufzuzeigen.
Es ist wichtig, zu erwähnen, daß wir unsere Fixierung nicht wechseln. Wir wenden zwar die Strategien aller Fixierungen an, und wir übernehmen bestimmte Strategien, wenn wir unter Streß stehen oder in einem entspannten Zustand sind, in dem sich unser Herz öffnet. Aber unsere eigentliche Fixierung bleibt ein Leben lang dieselbe. Unsere Aufgabe besteht darin, in dieser Fixierung erleuchtet zu sein.
Mit Hilfe des Enneagramms können wir uns und unsere Beziehungen auf eine sehr anschauliche, sofort anwendbare und potentiell erleuchtende Weise betrachten.
Um das Enneagramm als Werkzeug zum Aufwachen zu benutzen, müssen wir uns selbst gegenüber erbarmungslos

ehrlich sein. Wir müssen bereit sein, uns in jedem Augenblick zu erkennen und uns bewußt nicht mit den mechanischen Mustern zu identifizieren, die wir das Selbst nennen.
Auf diese Weise werden wir zu unserem eigenen Lehrer und Führer. Das Schöne an diesem System ist, daß es uns erlaubt, an uns selbst zu arbeiten - von der leichtesten bis zur tiefgreifendsten Schicht unseres Wesens.

Teil II

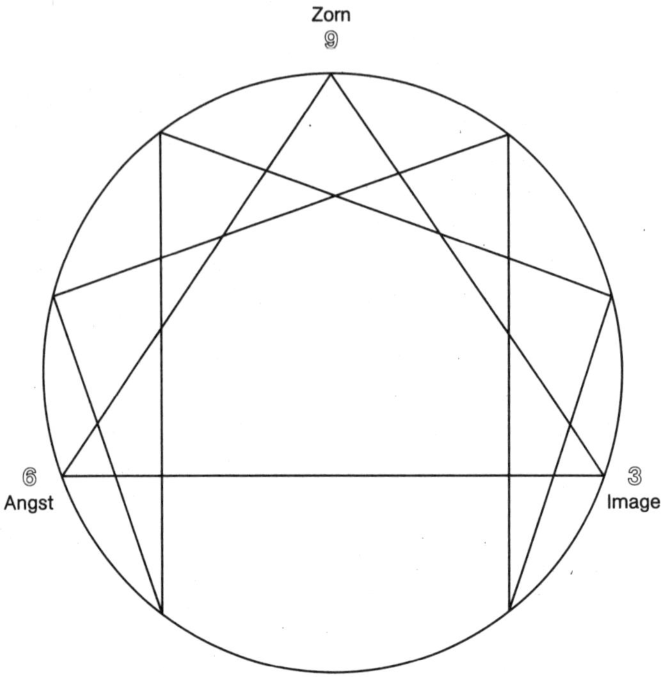

Abbildung 2: Die drei zentralen Fixierungen

Die zentralen Fixierungen

Wenn du im Zen aufwachst und die Welt siehst, wie sie ist, kann sie als weißes Licht erscheinen. Auf einer anderen Ebene existiert nicht einmal mehr dieses Licht. Es gibt viele verschiedene Ebenen des Aufwachens.

Sobald du in die körperliche Realität zurückkehrst – und die Welt so siehst wie gewohnt, bis du auch wieder zurück in deiner Fixierung. Du orientierst dich an deiner Landkarte. Und diese Karte ist willkürlich; sie ist erfunden. Die Karte hat sich an einem von nur neun Standpunkten kristallisiert.

Diese Standpunkte sind in drei Hauptgruppen eingeteilt: Die *zwanghaft-besessenen* oder Zorn-Punkte, die *hysterischen* oder Image-Punkte und die *paranoiden* oder Angst-Punkte.

Acht, Neun und Eins sind die zwanghaft-besessenen, die Zorn-Punkte. Zwei, Drei und Vier sind die hysterischen, die Image-Punkte. Fünf, Sechs und Sieben sind die paranoiden, die Angst-Punkte.

Jeder von uns hat drei Körper – einen physischen, einen emotionalen und einen mentalen. In dem Moment, in dem sich unser Charakter kristallisierte, entwickelten wir die Neigung, einen der drei Körper übermäßig zu gebrauchen.

Bei den zwanghaft-besessenen, den Zorn-Punkten, liegt die Fixierung im physischen, bei den hysterischen oder Image-Punkten im emotionalen und bei den Angst-Punkten im mentalen Körper.

Jeder von uns besitzt alle drei Körper, und jeder von uns manifestiert alle Fixierungsmuster. Aber an einer Stelle liegt unser Hauptmerkmal; an einer Stelle ist der befestigte Standort, von dem aus wir auf die Welt reagieren.

Wenn wir uns den Charakter als eine Berglandschaft vorstellen, dann gibt es dort Täler, Berge und Flüsse. Jeder von uns manifestiert eine vollständige Landschaft. Manchmal wandert unser Bewußtsein zur Spitze des Berges und manchmal zum Fluß. Aber wenn wir in eine Situation geraten, die uns herausfordert, dann handeln wir aus unserer Fixierung heraus. Wir kehren sofort zu dem Teil der Landschaft zurück, der unser Zuhause ist.

Jemand, der an einem Zorn-Punkt fixiert ist, kann auf der Autobahn dahinfahren und dabei in liebevolle Gedanken versunken sein oder im Geiste ein Gedicht verfassen. Aber wenn ein anderer Fahrer ihn schneidet, wird sein Körper spontan mit Wut und Zorn reagieren. Das ist die Fixierung. Wie mit dem Zorn dann umgegangen wird, hängt vom persönlichen Reifegrad ab.

In Karen Horneys Klassifizierung geht die Bewegung der zwanghaft-besessenen Menschen *gegen den anderen,* die der hysterischen *auf den anderen zu* und die der paranoiden *weg vom anderen.*

Wir werden die einzelnen Fixierungen ausführlich untersuchen - erst die zwanghaft-besessenen, dann die hysterischen und danach die paranoiden.

Neun, Drei und Sechs, die Punkte am inneren Dreieck des Enneagramms, sind die zentralen Fixierungen. Neun ist der zentrale Zorn-Punkt, Drei ist der zentrale Image-Punkt, Sechs ist der zentrale Angst-Punkt.

Es gibt jeweils einen zentralen Punkt und zwei Variationen davon, die innerliche und die äußerliche Version. Neun ist der zentrale Zorn-Punkt, acht ist die äußerliche Version der Neun, Eins die innerliche.

Drei ist der zentrale Image-Punkt, Zwei ist die äußerliche Version und Vier die innerliche.

Sechs ist der zentrale Angst-Punkt. Die innerliche Version ist Fünf, die äußerliche ist Sieben.

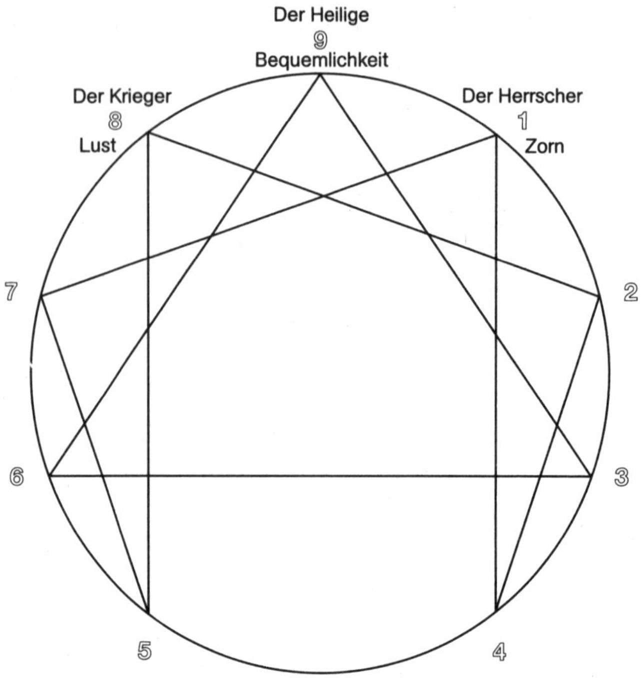

Abbildung 3: Die Zwanghaft-Besessenen - Die Zorn-Punkte

1. Die Zwanghaft-Besessenen - Die Zorn-Punkte

Man nennt diese Gruppe auch »die Gruppe des Seins«. Das Hauptthema liegt im Konflikt zwischen Man-selber-Sein und Von-anderen-kontrolliert-Sein. Dieser Konflikt zeigt sich bei Fragen, die Herausforderung/Trotz, Kontrolle und Gehorsam betreffen.

Die Eins ist gehorsam und deshalb zornig. Die Acht ist herausfordernd und hat deswegen Angst. Die Neun ist in der Mitte gefangen und schwankt zwischen Unterwürfigkeit, aus der Zorn entsteht, und Auflehnung, die Angst hervorbringt.

Zentrale Themen für alle Zorn-Punkte sind Zeit, Sauberkeit und Geld; alle drei werden zur Arena für Machtkämpfe. Zuspätkommen wird beispielsweise benutzt, um Auflehnung zu demonstrieren. Andere zur Pünktlichkeit zu zwingen ist eine Art, die Kontrolle zu behalten.

Alle zwanghaft-besessenen Menschen fühlen sich emotional isoliert. Zorn wird vermieden, weil er gesellschaftlich unerwünscht ist, und so werden alle Emotionen unterdrückt. Zarte und verletzliche Gefühle könnten zu Abhängigkeit und Schwäche führen, was einen Verlust der Kontrolle bedeuten würde.

Zorn steigt zuerst im physischen Körper auf. Andere Emotionen und Gedanken folgen dem Zorn. Wie wir auf den nächsten Seiten sehen werden, wird in dieser Gruppe die Energie des mentalen und des emotionalen Körpers mißbraucht, um dem Zorn-Impuls des physischen Körpers zu dienen.

der Heilige

Der Heilige

Punkt Neun: Die träge Persönlichkeit
Der zentrale Zorn-Punkt

Höhere Oktave:	**Der Heilige**
Heilige Idee:	Liebe
Heiliger Weg:	Richtiges Handeln

Untere Oktave:	**Die träge Persönlichkeit**
Leidenschaft:	**Bequemlichkeit**
Idealisierung:	Ich fühle mich wohl
Redestil:	Saga
Falle:	Sucher
Abwehrmechanismus:	Selbstbetäubung
Vermeidung:	Konflikt
Dichotomie:	Gläubig/zweifelnd
Beispiele:	Albert Einstein, Gerald Ford, Ringo Starr, Ronald Reagan, Robert Morley, Buckminster Fuller, Milton Erickson, Carl Rogers, Gregory Bateson, Joseph Campbell

Neun ist der zentrale Punkt. Auffällig ist die Abwesenheit von Zorn. Neuner erscheinen an der Oberfläche oft sehr liebevoll, locker, und sanft. Sie können den Eindruck vermitteln, durch die Welt zu gleiten.

Leidenschaft

Beim zentralen Zorn-Punkt ist die Leidenschaft, die die Maschine antreibt, *Bequemlichkeit.* Diese Menschen sind nicht notwendigerweise bequem, wenn es gilt, irgendeine Arbeit zu tun; aber sie sind träge in bezug auf Arbeit am Wesentlichen. Zorn und Konflikt werden vermieden. Anstatt wütend zu werden, werden Neuner lieber unbewußt. Leute, die einen glasigen Blick bekommen und abheben, anstatt spontan wütend zu werden, sind wahrscheinlich Neuner. Jemand, der sich oft konfrontativ, angriffslustig und energisch verhält, ist fast mit Sicherheit keine Neun.
Das soll nicht heißen, daß Neuner nie zornig werden oder es nie zeigen; oft aber wird die Wut erst zum Ausdruck gebracht, wenn der Moment, der sie verursacht hat, längst vorbei ist. Wutausbrüche kommen vor, doch in der Regel haben sie nichts mit der aktuellen Situation zu tun. Vielleicht kennst du jemanden, der Türen zuknallt, mit Zeitschriften um sich wirft und tobt, weil jemand seine Lieblingszeitschrift verlegt hat. Du merkst vielleicht, daß der Zorn in keinem Verhältnis zu der Situation steht und sich nicht gegen die verantwortliche Person richtet.
Bei der Neun geht es um nicht ausgedrückten Zorn. Er wächst und wächst und wächst jahrelang, bis eine unwichtige Kleinigkeit den Vulkan zum Ausbruch bringt.
Noch einmal: Trägheit bedeutet nicht, daß diese Leute faul sind. Sie arbeiten, und oft arbeiten sie sehr hart. Sie können sehr fleißig und produktiv sein. Aber in bezug auf die wesentlichen Dinge in ihrem Leben schlafen sie. Wenn ein wirklich wichtiges Thema auftaucht, weicht die Neun auf etwas Unwe-

sentliches aus. Wenn ein Neuner sich intensiv mit unwichtigen Details beschäftigt, kannst du davon ausgehen, daß er in die Nähe von etwas Wichtigem gekommen ist. Vielleicht kennst du jemanden, der seinen Hausputz damit beginnt, stundenlang die Ziegelsteine des Kamins mit einer Zahnbürste zu bearbeiten. Er kann sich auf ein Detail konzentrieren und das gesamte Chaos um sich herum vergessen. Alles bekommt die gleiche Wertigkeit. Da alles gleich wichtig ist, wird das Unwichtige zuerst getan.

In einem unserer Workshops erzählte eine Neun folgende Geschichte: Sie hatte eine wichtige Verabredung und war spät dran. Als sie gerade aus dem Haus gehen wollte, fiel ihr auf, daß die Betten der Kinder nicht gemacht waren. Sie ging ins Kinderzimmer, um die Betten zu machen. Dann saß sie auf einem halbgemachten Bett und vertiefte sich in einen Artikel aus der Schülerzeitung, obwohl sie doch diese wichtige Verabredung wegen eines neuen Jobs hatte und sowieso schon zu spät dran war.

Die Neun ist ein besonderer Punkt in diesem System. Sie reflektiert das ganze Enneagramm. Bei allen anderen Punkten sind die Filter der Wahrnehmung verzerrt. Die Neun hat im Grunde keine Verzerrung. Statt dessen ist sie einfach eingeschlafen. Ihr Schlaf ist noch offensichtlicher und tiefer als die Schlafwandler-Trance, die wir gemeinhin als Wachsein bezeichnen.

Da die Wahrnehmung der Neun nicht verzerrt ist, kann sie alle Standpunkte reflektieren. Diese Menschen können jede Position verstehen und beziehen. Neuner haben Schwierigkeiten, sich über die eigene Meinung klar zu werden, weil sie sich alle Standpunkte anhören können und alles für sie vernünftig klingt.

In einem unserer Workshops war ein sehr liebenswürdiger Sozialarbeiter, der dieses Problem hatte. Seine Vorgesetzten sagten beispielsweise zu ihm: »Es ist völlig klar, daß dieses Kind aus den und den Gründen nicht in diesem Zuhause bleiben kann ...«

Der Sozialarbeiter stimmte ihnen zu: »Ja, das stimmt. Es sollte wirklich nicht dort bleiben.« Dann fuhr er zu dem Kind nach Hause, sprach mit den Eltern, und die sagten natürlich: »Nein, nein. Es sollte hierbleiben«, und sie führten alle möglichen Gründe dafür an. Der Sozialarbeiter war voller Verständnis für ihren Standpunkt. »Ja, das stimmt. Das leuchtet mir ein.« Er konnte Stunden damit verbringen, hin und her zu fahren, sich beide Seiten anzuhören und beiden zuzustimmen.

Die Neun verhält sich wie ein Chamäleon; sie ist deshalb oft schwer zu identifizieren. Die an diesem Punkt fixierten Menschen haben ihre eigene, persönliche Position verloren und können jedermanns Standpunkt nachempfinden. Daher tendieren sie dazu, die Ansicht der Leute anzunehmen, mit denen sie gerade in Beziehung stehen.

Mitunter kann man beobachten, daß Neuner radikal ihren Stil ändern. Als Teenager können sie Mitglieder der Hell's Angels sein - mit allem, was dazugehört: Tätowierung, typische Kleidung, vielleicht sogar Gefängnisaufenthalt. Im späteren Leben schließen sie sich vielleicht EST an und tragen Anzüge mit Weste. Ronald Reagan ist ein gutes Beispiel dafür. Er vertrat ursprünglich eine sehr liberale Position in der Schauspielergewerkschaft und geriet dann mehr und mehr in konservative Gesellschaft.

Leute, die sich beim Studieren des Enneagramms mit jedem Punkt identifizieren, sind sehr oft Neuner. Neuner zeigen selten Wut. Sie können sehr sanft erscheinen und sehr liebenswürdig. Da das Selbstwertgefühl für sie ein echtes Problem ist, tun sie alles, um nette Menschen zu sein.

Ich glaube, Eisenhower war eine Neun - ein gemächlicher, netter Mensch. Er hätte viel lieber Golf gespielt. Auch Reagan halte ich für einen Neuner. Die Leute um ihn herum bezeichnen ihn als einen netten Kerl. Alle mögen ihn. Man spürt keine Bosheit. Er wäre lieber auf seiner Ranch bei seinen Pferden. Man hat den Eindruck, Reagan spiegelt lediglich die Überzeugungen und Meinungen seiner stärksten Ratgeber wider, zum Beispiel die seiner Frau und die des Justizministers. Er hält auch stur an Überzeugungen und Freunden fest, selbst wenn dies politisch ungünstig ist. Entscheidungen fällt er nie alleine, immer sind seine Ratgeber ausschlaggebend.

In Beziehungen übernehmen Neuner gerne die Rolle der Fußmatte - um sicherzugehen, daß sie nichts Schlechtes tun.

Wenn die Neun jemanden liebt, hat sie oft das Gefühl, ihre Abgrenzung zu verlieren. Neuner scheinen fähig zu sein, mit dem anderen zu verschmelzen; sie werden dann zu seinem Ebenbild. Sehr oft sind die Partner die Aktiveren oder emotional Unbeständigeren. Die Neun ist der Reflektor, die Stütze im Hintergrund der Beziehung.

Ein Neuner löst sich selten aus einer Verbindung. Entweder macht der andere Schluß, oder jemand kommt und schnappt ihn weg. Es ist für die Neun sehr schwierig, dem Partner gegenüberzutreten und zu sagen: »Ich habe genug, ich will weg.« In den seltensten Fällen ist die Neun in der Lage, dies auszudrücken und diese Haltung so lange aufrechtzuerhalten, bis die Trennung vollzogen ist. Ich kenne jedoch eine Neun, die die Angewohnheit hat, alle vier Jahre eine Beziehung zu beenden. Als wir das therapeutisch untersuchten, fanden wir heraus, daß die Mutter den Vater und die Familie verlassen hatte, als meine Klientin vier Jahre alt war.

Wenn ein Neuner eine Beziehung beendet, verschließt er sich gefühlsmäßig; er wird wie ein Stück Holz und läßt den anderen gehen. Mit dieser Methode wird ebenfalls Konflikt vermieden: Sie ist ein weiteres Beispiel für Trägheit. »Ich werde nicht derjenige sein, der aufgibt und weggeht. Ich bleibe einfach hier und verschwinde im Hintergrund, bis du gehst.« Wenn zwei Neuner eine Beziehung miteinander haben, kann das ewig so gehen. Als einer meiner Klienten das hörte, wies er darauf hin, daß er und seine Partnerin - beides Neuner - sich nach 12 Jahren getrennt hätten. Wie sich dann herausstellte, lebten sie noch immer im selben Haus, obwohl die »Trennung« schon zwei Jahre her war.

Der Neuner steht mit einem Bein auf der konformistischen Seite des Enneagramms und mit dem anderen auf der nonkonformistischen. Er ist ambivalent: Ein Bein befindet sich in der Drei, dem konformistischsten aller Punkte, das andere in der Sechs, die antiautoritär und nonkonformistisch ist.

Das Problem der Neuner besteht darin, daß sie wütend werden, wenn sie sich unterwerfen oder anpassen, und Angst bekommen, wenn sie sich nicht anpassen und rebellieren. Die Neun möchte ein braver Junge oder ein braves Mädchen sein - also ist sie unterwürfig, und dadurch entsteht Zorn.

Kraft wird hier durch Festhalten gewonnen. In dieser Fixierung kann es zu psychovegetativer Verstopfung kommen. Neuner sammeln gerne Dinge, die eines Tages von Nutzen sein können. In der Regel gehören sie aber nicht zu den Sammlern, die ihre Kollektionen bedächtig aufbauen, immer wieder betrachten und neu zusammenstellen. Neuner sind Leute, deren Garagen mit großen Kisten vollgestopft sind, in denen irgendwelches Zeug eingepackt ist, mit dem sie sich eines Tages befassen wollen. Sie hassen es, etwas wegzuwerfen. Ein typisches Beispiel ist der Neuner, der in der Garage ein oder zwei Ersatzmotoren aufbewahrt oder im Gästezimmer einige Kartons hat, in denen sich sämtliche alten Schulbücher befinden.

Im Geschäftsleben können Neuner große Schwierigkeiten damit haben, sich von Bargeld zu trennen oder Papiere zu unterschreiben. Und sie können die Angewohnheit entwickeln, zu Verabredungen immer zu spät zu kommen.

In der höheren Oktave ist hier das Zuhause des Heiligen. Der höchste Ausdruck der Neun ist göttliche Liebe, und das Ego mißbraucht dieses Konzept oft als Rechtfertigung für die Fixierung. Neuner wollen wirklich gute Menschen sein. Sie glauben, wer gut sein will, darf keinen Zorn zeigen, denn Zornigsein ist etwas Böses.

Nicht ausgedrückter Zorn führt entweder zu passiv/aggressiver Untätigkeit, zu Routine oder zu selbstverursachten Verletzungen. Der Körper der Neun kann eine hölzerne Qualität annehmen, als seien die Jahre unausgelebter Wut im Gewebe gespeichert.

Die andere Art, Zorn zu zeigen, besteht für die Neun darin, ihn gegen sich selbst zu richten. Viele Neuner neigen zu Unfällen. Versicherungsgesellschaften haben herausgefunden, daß die überwältigende Mehrheit aller Unfälle von einem kleinen Prozentsatz der Menschen verursacht wird. Die meisten von ihnen sind wahrscheinlich Neuner. Sie distanzieren sich vom Körper - eine Strategie, mit der sie versuchen, das Gefühl von Zorn zu vermeiden.
Man könnte meinen, Neuner hätten nicht genug Nervenenden im Körper. Sie neigen dazu, überall anzurempeln. Sie sind wie abgestumpft.
Ein Neuner erzählte uns folgende Geschichte: Er hatte sein kleines Kätzchen zu seiner Arbeit als Elektriker mitgenommen. Als er gerade auf der Straße vor einem Haus arbeitete und nicht aufpaßte, rannte das Kätzchen über die Straße und wurde überfahren. Voller Zorn ging er zum Haus zurück und lief gegen den Ast eines Baumes. Er war so wütend darüber, daß sein Kätzchen überfahren worden war, daß er sich beinahe das Auge ausstieß. Der Zorn richtete sich nach innen. Da er nicht wußte, was er mit seinem Zorn tun sollte, drehte er sich um, lief gegen einen Ast und stach sich symbolisch das Auge aus, weil er das Kätzchen nicht im Auge behalten hatte.
Wir kennen einen anderen Neuner, der sich mindestens zwei- oder dreimal auf einer steil abfallenden Straße mit seinem Auto überschlagen hat. Er wird wütend, setzt sich ins Auto und fährt es zu Schrott.

Kindheit

Bei meiner therapeutischen Arbeit entdeckte ich, daß die Fixierung durch das Trauma der Geburt ausgelöst oder begünstigt wird. Stanislav Grof hat in seinem Werk *Beyond the Brain* das Thema Geburtstrauma behandelt. Meine bisherigen Erfahrungen weisen darauf hin, daß Neuner Menschen sind, die im Geburtskanal traumatisiert wurden. Ein Gefühl von Druck

taucht auf. Neuner spüren den Druck, sie wollen dagegen ankämpfen und können nicht. Sie fühlen sich eingeschlossen und reagieren, indem sie steif und passiv-aggressiv werden – bis hin zu völliger Unbeweglichkeit.
In der Kindheit standen Neuner oft im Hintergrund und im Schatten der anderen Kinder. Das große Drama fand irgendwo anders in der Familie statt, und die Neun war nur Beobachter. Aber gerade weil sie nicht im Rampenlicht stand, waren Unterwürfigkeit und Zorn für sie zentrale Themen.
Als Kinder neigten sie dazu, durch ihre Eltern zu leben. Als Eltern neigen sie dazu, durch ihre Kinder zu leben.
Ein Neuner erzählte mir einmal von seiner Kindheit in Deutschland. Das Leben zu Hause war unerfreulich, der einzige Lichtblick war Weihnachten, dieses Fest war das Beste vom ganzen Jahr. Einmal schneiderte seine Mutter zu Weihnachten Anzüge für alle fünf Kinder. Die Anzüge sahen alle gleich aus, und alle Kinder mußten sie tragen.
Unser Neuner, damals fünf Jahre alt, zog seinen Anzug an und stellte fest, daß er kratzte. Das Kratzen machte ihn wahnsinnig, und er wollte den Anzug wieder ausziehen. Seine Mutter sagte: »Du mußt den Anzug aber zu Weihnachten tragen.« Er geriet in eine innerliche Zwangslage: Er wollte sich fügen, und das machte ihn wütend. Er sagte sich: »Entweder muß ich den Anzug tragen und das Kratzen aushalten, um Weihnachten feiern zu können, oder ich trage den Anzug nicht und muß im Bett bleiben.«
Seine Mutter feuchtete den Anzug etwas an, damit er bequemer würde, doch dadurch wurde es nur noch schlimmer. Jetzt hatte er einen nassen, kratzenden Anzug. Als der Mann mir seine Geschichte erzählte, war er über 40, und er trug noch immer diese Wut mit sich herum.
Die Neun lebt ständig im Gefühl von unaufgelöstem Zorn. Manche Neuner glauben, daß ihre Wut für andere tödlich werden könnte, sollten sie sie jemals herauslassen. Sie werden lieber unbewußt und »heben ab«, als zu riskieren, daß der Zorn ausbricht und jemanden umbringt.

Eine andere Neuner-Kindheitsgeschichte erzählte ein Mann in einem Workshop in Esalen. Als Fünfjähriger überquerte er auf einem Brett einen Bach, als hinter ihm jemand anfing, mit Steinen zu schmeißen. Er sah die Steine vorbeisausen, aber er wußte nicht, wer sie warf. Als er auf der anderen Seite angelangt war, hob er einfach einen Stein auf und schleuderte ihn zurück. Er traf nicht das Mädchen, das die Steine geworfen hatte, sondern ihren kleinen Bruder. Er traf ihn genau am Kopf, und die Wunde begann zu bluten. Die Vorstellung, er könnte das Kind getötet haben, versetzte den Neuner in Panik. Er lief zurück über den Bach und verband den Kopf des Jungen mit seinem Hemd. Dann rannte er nach Hause, um noch ein paar Hemden zum Verbinden zu holen. Er war voller Angst, daß das Kind sterben könnte - daß er in seinem Zorn tatsächlich jemanden getötet haben könnte.

Zu Hause angekommen, lief er in sein Zimmer, öffnete die Schublade und griff sich ein paar Hemden. Da kam seine Mutter herein und sagte: »Wo willst du hin? Entweder du sagst mir, wo du hingehst, oder du verläßt dieses Zimmer nicht.«

Er saß in der Falle: Einerseits fürchtete er, jemanden umgebracht zu haben, andererseits hatte er Angst, es der Mutter zu erzählen. Er sagte seiner Mutter nicht, wo er hinwollte; er blieb voller Wut und Angst in seinem Zimmer. Er fügte sich und dadurch entstand Wut.

Die Geschichte lehrte ihn, niemals wieder zornig zu werden. Nie wieder Wut auszudrücken. Lieber unbewußt werden als wütend.

Idealisierung

Die Idealisierung ist: *»Ich fühle mich wohl.«* Neuner sind die Überlebenskünstler des Enneagramms. Sie können sich nahezu jeder Situation anpassen. Ihre Leidenschaft ist Bequemlichkeit, und so vermeiden es die Neuner, sich mit dem Augenblick auseinanderzusetzen. Sichwohlfühlen wird idealisiert, Konflikten geht man aus dem Weg.

Redestil

Die einzelnen Fixierungen sind gut am jeweiligen Redestil zu erkennen. Der Redestil der Neuner ist die *Saga*. Wenn du eine Neun fragst, wie es ihr geht, bekommst du statt einer einfachen Antwort eine Saga zu hören, etwa so: »Nun, es geht ganz gut, obwohl ich heute morgen ein bißchen verkatert bin. Ich war gestern mit Joe aus, du erinnerst dich doch, ich glaube, wir haben ihn auf der Party von Wie-heißt-er-doch-gleich getroffen. Wir sind in dieses Lokal gegangen, ich kann mir den Straßennamen nicht merken. Na ja, dann haben wir ein paar Cocktails getrunken, und dann kam dieser andere Typ, du weißt schon, wie heißt er bloß, und der hat mir dann diese Geschichte erzählt. Ich glaube, er war . . .«
Es kann schwer sein, sich von diesen Leuten loszueisen, da sie vom Hundertsten ins Tausendste kommen. Nicht alle Neuner sind so. Einige haben eine gewisse Schüchternheit entwickelt und sagen vielleicht gar nichts. Aber selbst die schüchterne Neun verliert sich gern in Einzelheiten und schweift oft ab, wenn sie einmal anfängt zu erzählen.
Statt im Hier und Jetzt oder bei einem Thema zu bleiben, verspüren Neuner den Drang, ins Blaue hinein zu fabulieren.
Der berühmte Hypnosetherapeut Milton Erickson war eine Neun. Er versetzte die Leute in Trance, indem er sie mit seinem Gerede zu Tode langweilte. Er pflegte eine endlose Saga zu erfinden, die die Trance herbeiführte und seine Arbeit ermöglichte.
Carl Rogers ist ein anderer großer Therapeut, der aus seiner Fixierung einen Therapiestil ableitete. In seiner Gesprächstherapie ist der Therapeut nicht direktiv und spiegelt lediglich den Standpunkt des Patienten wider. Für Rogers ist der perfekte Therapeut ein Reflektor.

Falle

Die Falle besteht darin, zum *Sucher* zu werden. Das Suchen der Neun ist eine Art der Selbstbetäubung. Ein Neuner, mit dem wir einmal ein Interview machten, betrachtete beispielsweise sein Mikrofon und begann darüber nachzugrübeln, wie es wohl funktioniere. Anstatt sich auf das Gespräch zu konzentrieren, dachte er: »Ich möchte wissen, ob das Mikrofon mit den Kabeln da verbunden ist oder ob es drahtlos funktioniert...« Neuner können Stunden damit zubringen, vor ihrem geistigen Auge Überlegungen über die Welt anzustellen. Der Standpunkt ist hier verinnerlicht. Manchmal begeistern sich Neuner für Holzarbeiten und können dann stundenlang Holz schleifen, während sie sich ganz in sich zurückziehen, über die Welt nachdenken, austüfteln, wie alles funktioniert und die Antwort auf alle Fragen suchen.

Diese Menschen können über einen langen Zeitraum hinweg eine monotone Tätigkeit verrichten, in Gedanken ganz woanders sein und trotzdem gute Arbeit leisten. Man findet hier Weber oder Leute, die langweilige, sich wiederholende Computerarbeit machen. In gewisser Weise genießen sie die Eintönigkeit, denn sie schätzen es, mit den Händen irgend etwas Nützliches zu tun, während sie ihren Gedanken nachhängen. Sie sind oft sehr phantasievoll und manchmal auch Genies, wie John Lilly, Buckminster Fuller, Albert Einstein und Gregory Bateson.

Albert Einsteins Frau strich die Haustür rot an, damit er nach Hause fand. Er pflegte so in seine Gedanken vertieft zu sein, daß er die Tür übersah und weiter durch die Straßen wanderte.

Der Archetyp des zerstreuten Professors gehört hierher: den Kopf voll mit technischen Details und Konzepten, fähig, sich für lange Zeit ins karge Reich des Intellekts zu begeben, da Abstraktes ihn fasziniert – und ungeschickt im täglichen Leben.

Abwehrmechanismus

Der Abwehrmechanismus des Neuners ist *Selbstbetäubung.* Zorn wird als verboten empfunden oder zumindest scharf verurteilt - ein guter Mensch ist nicht zornig. Durch Selbstbetäubung wird Zorn vermieden.

Neuner betäuben sich, indem sie unbewußt werden, oder durch gewohnheitsmäßige Routine. Hier ist die Heimat der Gewohnheit. Eine Neun, die mit einer Gewohnheit bricht, hat das Gefühl, ein Stück von sich selbst aufzugeben.

Neuner pfropfen sich mit Gewohnheiten voll. Sie verlassen sich auf sie, und sie schlafen hinter ihnen ein. Man findet hier Leute, die seit 27 Jahren jeden Tag das gleiche zum Frühstück essen. Es kann in dieser Fixierung zu Alkohol- und Drogenabhängigkeit kommen.

Ich kenne allerdings auch Neuner, die sagen: »Ich habe keinerlei Gewohnheiten.« Wenn man näher hinsieht, stellt sich oft heraus, daß sie als Kinder so starren Regeln ausgeliefert waren - sie haben zum Beispiel Internate oder Militärakademien besucht -, daß ihr Muster jetzt darin besteht, alle Muster abzulehnen. Es fällt ihnen sehr schwer, irgendwelche Regelmäßigkeiten beizubehalten, sie lösen sie immer wieder auf oder verändern sie. Sie machen es sich zur Regel, Regeln zu vermeiden.

Eins der Bilder, die mir bei der Neun einfallen, zeigt jemanden, der in den sechziger Jahren steckengeblieben ist, der morgens sein Müsli ißt, dann einen Joint raucht und mittags das erste Bier trinkt. In dieser Fixierung kommt es oft zu Suchtproblemen. Ab und zu tauchen in unseren Workshops männliche Neuner auf, die aus der alten LSD-Gegenkultur kommen. Sie haben noch immer lange Haare, Pferdeschwänze und Ohrringe, sie halten noch immer an den alten Gewohnheiten fest.

Die Gewohnheitshörigkeit bedeutet aber auch, daß Neuner sehr erfolgreich im Geschäftsleben sein können. Es gibt Neuner in leitenden Positionen großer Konzerne, die sehr frühzeitig die Regeln gelernt haben und sich danach richten. Gurdjieff sagt, daß wir alle Maschinen sind. Die Neun ist vielleicht noch maschinenartiger als die anderen. Kürzlich las ich eine Geschichte über einen Mann, der 42 Jahre lang in dasselbe Lokal zum Abendessen ging und immer dasselbe bestellte. Alles kann zur Routine werden. Auf diese Weise wird Konflikt vermieden. Die Trägheit spielt hier eine Rolle. Neuner geben sich der Gewohnheit hin. Solche Menschen können zu Alkoholikern werden, einfach weil sie das Trinken zur Gewohnheit machen.

Die Neun staut ihre Wut im Nacken und in den Schultern. Es kann zu orthopädischen Problemen und zu selbstverursachten Unfällen kommen.

Vermeidung

Neuner vermeiden *Konflikt* um jeden Preis. Eine Art, Zorn zu zeigen, besteht darin, wie angenagelt dazusitzen und nichts zu tun. Sie sind die stursten Leute im ganzen Enneagramm. Es ist extrem schwierig für sie, nein zu sagen. Also sagen sie: »Ich werde darüber nachdenken« oder: »Ich komme darauf zurück.«

Oft bekommst du kein klares Nein aus ihnen heraus und kannst sie nicht mal mit Dynamit in Bewegung bringen. Wenn du etwas von ihnen willst, machen sie sich innerlich steif und denken: »Das mache ich nicht.«

In einer nicht-konfrontativen Umgebung kann es vorkommen, daß die Neun über ihren Zorn redet und sich vorstellt, daß sie jemanden angreift. Ich habe einen Freund, dessen Vater immer nach der Arbeit nach Hause kam und der Familie beim Abendessen erzählte, wie er beinahe auf jemanden losgegangen wäre und ihn »fertiggemacht« hätte. Mein Freund wuchs heran und wunderte sich, wie sein Vater es wohl schaffte, seinen Job zu behalten, wo er sich doch ständig mit allen Leuten anlegte. Erst nachdem er mit dem Enneagramm vertraut war, erkannte er,

daß sein Vater von Dingen erzählte, die er nur in seiner Vorstellung getan hatte.
In einem Workshop bestritt eine weibliche Neun, daß Neuner Auseinandersetzungen aus dem Weg gehen. »Das stimmt nicht«, sagte sie, »ich bin konfrontativ.«
»Gib mir ein Beispiel.«
»Ich erinnere mich an eine Situation, als ich acht Jahre alt war . . .«
»Gib mir ein Beispiel, das noch nicht so lange her ist.«
»Nun, erst letzte Woche bin ich zum Chef gegangen und habe gesagt: ›Wenn Sie den Pförtner nicht dazu bringen, mehr aufzupassen und höflicher zu den Leuten zu sein, dann werde ich wirklich wütend und sage ihm die Meinung.‹«
Die Konfrontation bestand also darin: »Ich sage Ihnen, was ich mit Herrn Soundso machen werde.« Sie würde nie direkt zu demjenigen gehen, der den Ärger verursacht hat, und sagen: »Reißen Sie sich zusammen, Sie machen mich wahnsinnig.«
Hier liegt das zentrale Problem der Neun. Die Wut wird nicht spontan ausgedrückt.

Dichotomie

Jeder der Punkte besitzt eine Dichotomie, eine Polarität. Man hat stets beide Seiten davon in sich, tendiert aber mehr zur einen als zur anderen. Die Dichotomie für die Neun ist *gläubig/zweifelnd*. Eines von beiden steht im Vordergrund, das andere im Hintergrund. Diese Polarität kann bei Neunern zum Beispiel zu einer zehnjährigen Ehe auf Probe führen. Die Neun ist sich nicht sicher, daß es funktionieren wird, also schaut sie sich die Sache noch ein paar Jahre an.
Neuner können sich Organisationen anschließen und nie richtig dabeisein, aber auch nie aussteigen. Sie glauben an eine Sache, denken dann darüber nach, werden unsicher, prüfen ihre Zweifel – sie sind nicht ganz in der Gegenwart. Sie halten sich für überzeugte Anhänger und werden plötzlich zu Zyni-

kern, die alles in Frage stellen. (Der Zweifel der Neun hängt mit einer Annäherung an die Sechs zusammen, in der der Zweifel entsteht.)
Wir werden sehen, daß es zwischen allen Punkten Verbindungen gibt. Die Neun beispielsweise steht zwischen Acht und Eins, so daß sie den Zorn der Acht und die Anständigkeit der Eins besitzt.

Untertypen

Das Enneagramm beschreibt drei grundlegende Instinkte: den Instinkt zur Selbsterhaltung, den sozialen und den sexuellen Instinkt. Jeder von uns besitzt alle drei.
Aber einer dieser Instinkte ist stärker beschädigt als die beiden anderen, und in diesen sickert Energie ein.
Du kannst dir das als einen Hocker mit drei Beinen vorstellen. Jeder von uns hat alle drei Beine, aber eines ist kürzer. Da ein Bein kürzer ist, kippt der Hocker in diese Richtung, und mit ihm neigt sich unser ganzes Blickfeld; wir tendieren dazu, die Welt von dieser schrägen Position aus zu sehen. Jeder von uns ist entweder ein sexueller, sozialer oder Selbsterhaltungs-Untertyp. Jeder besitzt alle drei Instinkte, aber in einen von ihnen fließt mehr Energie als in die anderen. Dieser Instinkt neigt dazu, die Maschine anzutreiben.
Unser Ego bezieht seinen Treibstoff aus einer der neun Leidenschaften, und die Leidenschaft sickert in den Hauptinstinkt ein. Der sexuelle Untertyp tendiert zu Zweierbeziehungen. Soziale Untertypen können Probleme mit ihrer Sexualität haben. Sie ziehen Gruppen vor und möchten dazugehören; gesellschaftliches Ansehen ist ihnen wichtig. Die Selbsterhaltungs-Typen sind der eigenen Haut gewissermaßen etwas näher, und sie erscheinen oft ein bißchen nervöser als die anderen. Sie beschäftigen sich mehr mit Fragen des Überlebens und verbringen mehr Zeit damit, sich mit Dingen wie

Essen, Geld, Unterkunft und anderen grundlegenden Bedürfnissen auseinanderzusetzen.
Die Leidenschaft der Neun ist Bequemlichkeit, also sickert Bequemlichkeit in einen der drei Instinkte ein.

Selbsterhaltung: Appetit

Die Selbsterhaltungs-Neun heißt *Appetit.* Im Extremfall sind das Leute, die 200 Kilo wiegen und im Flugzeug extra breite Sitze benötigen; aber das sind wirklich Extremfälle. Ich kenne viele Selbsterhaltungs-Neuner, die ganz schlank und sportlich aussehen. Das Gefühl von ungesättigtem Appetit kann alles betreffen. Diese Menschen haben ihren Appetit einfach nicht unter Kontrolle. Immer wenn es um das Thema der Selbsterhaltung geht, neigen sie dazu, zuviel zu essen. Sie versuchen, Zorn und Ängste, die im Zusammenhang mit Überlebensfragen auftauchen, mit Appetit zu bekämpfen, und nehmen riesige Mengen von Getränken, Essen oder irgend etwas anderem zu sich.
Der Mann, der als Kind besagten Anzug zu Weihnachten tragen mußte, ist eine Selbsterhaltungs-Neun. Um Weihnachten feiern zu können, blieb ihm nichts anderes übrig, als den kratzigen Anzug anzuziehen, und aus dieser Unterwürfigkeit entstand Zorn. Bei allem, was er tut, hat er immer das Gefühl, daß es nie wirklich genug ist. Ob er Wein trinkt, ißt oder liebt, es ist nie ganz befriedigend, nie wirklich genug. Hier liegt das zentrale Thema der Selbsterhaltungs-Neun. Wenn Bequemlichkeit in den Instinkt der Selbsterhaltung einsickert, ist das die Folge. Diese Menschen versuchen, das unbewußte Gefühl von Zorn mit irgend etwas zu betäuben, statt es zu erkennen und sich damit auseinanderzusetzen.
Einer meiner Klienten war eine Selbsterhaltungs-Neun. Das einzige, was ihn im Leben wirklich interessierte, war großes Spielzeug. Für ihn bedeutete das, Rennautos zu bauen. Er steckte alles, was er verdiente, in die Autos. Aber es war nie

genug. Wenn er einen Ferrari baute, war es nicht der beste Ferrari. Wenn er einen Lamborghini nachbaute, gab es da immer noch einen anderen, und wenn er dieses Spielzeug doch nur besäße, dann wäre er glücklich. Darum drehte sich sein Leben; sein Hunger war nie gesättigt. Das ist die Selbsterhaltungs-Neun.

Sozial: Teilnahme

Die soziale Neun heißt *Teilnahme.* Dies sind Menschen, die sich überall anschließen. Auch der heimliche Zweifler spielt hier eine Rolle. Einerseits suchen sie gesellschaftlichen Anschluß, andererseits zögern sie ständig. Teilnahme bedeutet für sie, zwischen reger Beteiligung und Unbeteiligtsein hin und her zu schwanken. Die Freunde meines Vaters sind Mitglieder unzähliger Clubs und Organisationen. Sie gehen zu den Treffen, sie nehmen nie eine leitende Position ein, sondern laufen so am Rande mit. Sie scheinen nie richtig dabeizusein, steigen aber auch nie wirklich aus. Wenn man sie über die Organisationen befragt, denen sie angehören, dann haben sie immer noch Vorbehalte. Es gleicht der zehnjährigen Ehe auf Probe, nur daß es sich um Organisationen, Gruppen und gesellschaftliche Zusammenhänge handelt.

Sexuell: Vereinigung

Die sexuelle Neun heißt *Vereinigung.* Hier findet man das Verschmelzen mit dem anderen. Diese Menschen tendieren wirklich dazu, ihre Abgrenzung zu verlieren; mehr als bei den anderen Neunern bedeutet das, nicht zu wissen, wo das Ich aufhört und das Du anfängt. Sexuelle Neuner haben mir erzählt, daß sie unbewußt vom Teller ihres Partners essen und nicht merken, daß es da eine Trennlinie gibt. Ich habe nie gehört, daß eine sexuelle Neun tatsächlich eine Beziehung beendet hätte. Sie fühlen sich so sehr mit dem Partner verschmolzen, daß es ihnen schwerfällt, sich zu befreien und herauszufinden, wo sie aufhören und der andere anfängt. Sie haben das Gefühl, sich in der geliebten Person verloren zu haben, in ihr aufgegangen zu sein.

Vereinigung bedeutet hier Einswerden mit dem anderen. Die Grenzen verfließen. Zwei kommen zusammen, und du kannst sie nicht mehr auseinanderhalten. Neuner suchen sich eine starke Persönlichkeit oder zumindest jemanden, der zu allem eine Meinung hat oder laut ist – jemanden, in dem sie aufgehen können. Sie sind dem anderen nicht nahe, sondern sie werden der andere.

Eine sexuelle Neun wird mit jemandem eine Beziehung haben, der zumindest scheinbar der Stärkere von beiden ist oder mehr Ausstrahlung hat.

Ein Neuner beschrieb es so: »Ich gebe mich ganz hin. Ich kann meine und deine Bedürfnisse nicht mehr unterscheiden.«

Eine Neun, die sich mit ihrer Situation nicht abfinden wollte, sagte folgendes: »Mein Körper teilt mir mit, wenn das Maß voll ist. Irgend etwas rastet einfach aus. Aber vorher staut und staut es sich in mir, und alles trägt dazu bei, zum Beispiel nichtausgedrückte Wut, die sich auch aufstaut. Wenn ich dann explodiere, wird es wirklich ein Drama. Eines Tages bin ich zur Tür hinausgegangen und erst ein paar Monate später zurückgekommen.«

Beispiele

Der amerikanische Präsident Gerald Ford ist ein sehr gutes Beispiel für die Neun. Ich sehe ihn noch vor mir, wie er sich jedesmal den Kopf anstieß, wenn er aus dem Flugzeug stieg. Entweder stieß er sich den Kopf an, oder er stolperte die Treppe hinunter.

Ein weiterer bekannter Vertreter der Neun war Laurence Olivier. Neuner können hervorragende Schauspieler sein, da sie sich jeden Standpunkt zu eigen machen können. Laurence Olivier konnte die unterschiedlichsten Rollen verkörpern. Wenn eine Acht eine Rolle darstellt, spielt die Acht immer eine Acht. Eine Neun dagegen kann mit jedem Charakter verschmelzen. Neuner besitzen diese Flexibilität.

Alfred Hitchcock war eine Neun. Er liebte es, Filme zu machen, indem er sich vorher hinsetzte und jede Szene genauestens und bis ins kleinste Detail austüftelte, so daß er beim Drehen nicht einmal am Ort zu sein brauchte. Er kannte jede Einstellung der Kamera im voraus, er wußte, in welchem Winkel sie sich bewegen würde, wann Grace Kellys Hand im Bild sein sollte und an welcher Stelle der Dialog kommen mußte. Was Hitchcock am Filmemachen wirklich gefiel, war der technische Aspekt. Seine Stärke lag nicht im Erzählen einer Geschichte oder in der Entwicklung von Charakteren. Alle Hitchcock-Filme sind brillant in Kameraführung und Komplexität der Struktur, während die Figuren flach wirken. In einem berühmt-berüchtigten Presseinterview verglich er einmal die Schauspieler mit einer Rinderherde. Und so sah er sie: wie Schachfiguren, die man herumschiebt. Hier zeigt sich wieder das Mechanische der Neun.

Neuner neigen dazu, von den strukturellen Aspekten des Lebens fasziniert zu sein.

Der Vater einer meiner Freunde liebt Diskussionen über strukturelle Details. Wenn ich ihm erzähle, daß ich darüber nachdenke, unser Haus umzubauen, legt er sofort mit einer strukturellen Analyse los. »Ja, weißt du, du hast da oben einen tragenden Balken, der läuft da lang, und der nächste hat vermutlich die und die Stärke . . .« Er kann sozusagen den Verputz von den Wänden nehmen und die Struktur des Hauses sehen. Technische Daten dieser Art begeistern ihn.

Österreich ist ein Neuner-Land. Zwischen Ost und West, Sozialismus und Kapitalismus gelegen, vermittelt Österreich den Eindruck einer lässigen Lockerheit, die es sehr von den anderen germanischen Kulturkreisen unterscheidet. Man hat dort mehr das Gefühl von Gemütlichkeit und Sorglosigkeit als

im benachbarten Deutschland, einer Sechser-Kultur, oder in der Schweiz, einer Einser-Kultur. Als Hitler in Österreich einmarschierte, begrüßten ihn die Massen mit Hochrufen. Als die Alliierten einmarschierten, wurden sie genauso empfangen. Österreich kann alle Standpunkte annehmen und mittendrin einschlafen.
Wie die Beispiele zeigen, können Neuner Wissenschaftler, Präsidenten oder Fließbandarbeiter sein.

Die höhere Oktave

Auf der höheren Ebene ist hier der Ort des *Heiligen*. Die heilige Idee ist *Liebe* und der Weg ist *richtiges Handeln*. Für die Neun geht es wirklich darum, ein liebevoller Mensch zu sein. Damit rationalisiert sie das Vermeiden von Zorn, und es führt dazu, daß Bequemlichkeit ihr Hauptmotiv wird. Tatsächlich wird Bequemlichkeit mit Liebe verwechselt!
Wenn die Neun fähig ist, die Initiative zu ergreifen, im gegenwärtigen Moment ganz präsent zu sein und auszudrücken, was im Augenblick für sie auftaucht, dann ist sie auf dem Weg des richtigen Handelns, der zur heiligen Idee der Liebe führt. Die Neun kann alle Standpunkte ausdrücken und reflektieren, sie kann in jeder Position aufgehen und darin richtiges Handeln und heilige Liebe verwirklichen. Mutter Teresa und Ramana Maharshi sind Beispiele für die erleuchtete Neun.

Fragen zur Selbst-Identifizierung

Wenn du die nachfolgenden Fragen ehrlich beantwortest, hilft dir das, deine Charakterfixierung zu erkennen. Dabei gibt es ein paar sehr wichtige Dinge, an die du denken solltest:

- Jeder von uns besitzt alle Muster; demzufolge wirst du in jeder Fixierung einen kleinen Teil von dir entdecken. Es gibt jedoch einen Punkt, der dein Fixierungsmuster am genauesten beschreibt.

- Wir wechseln die Fixierung nicht. Sie ist unser kristallisierter Standpunkt in der Welt und ändert sich nicht. Wir übernehmen Muster anderer Menschen. Meine Mutter war eine Vier, und ich habe viele Vierer-Muster; trotzdem bin ich eine Acht. Zu bestimmten Zeiten deines Lebens bist du tiefer in deiner Fixierung verhaftet als zu anderen. Wenn du an deine späteren Schuljahre zurückdenkst, wirst du im allgemeinen finden, daß du die charakteristischen Merkmale deiner Fixierung damals offensichtlicher zum Ausdruck gebracht hast als heute. Sehr oft sagen Neuner, wenn ich sie nach ihrem Zorn frage: »Nun, ich habe daran gearbeitet.« Versetze dich zum Zweck der Identifizierung in eine Zeit zurück, als du noch nicht an dir gearbeitet hast.
- Es mag Abschnitte in deinem Leben gegeben haben, in denen du sehr im Streß warst und mehr zu der entsprechenden Fixierung tendiertest. Als ich im Gymnasium war, stand ich unter großem Streß. Ich verbrachte Jahre in meinem Zimmer und las. Das ist ein Beispiel für die Annäherung der Acht an die Fünf. Ich wurde nicht zur Fünf, ich verhielt mich nur für eine Weile ähnlich.
- Du bist nicht deine Fixierung. Sie beschreibt eigentlich, was du *nicht* bist! Sie beschreibt, wie wir uns in der Welt manifestieren, wenn wir nicht in unserem höheren Selbst sind, sie schildert den Ego-Zustand, der uns von unserem wahren Wesen trennt.
- Jede Fixierung hält wertvolle Lektionen für uns bereit. Diese Muster sind weder falsch noch schlecht, sie reflektieren lediglich Strategien, die wir uns angeeignet haben, um in der Welt zu überleben. Es ist von großem Nutzen, sich die Lektionen der einzelnen Fixierungen klarzumachen, selbst wenn wir uns nicht damit identifizieren.

Fragen zur Identifizierung von Punkt Neun

1. Fällt es dir oft schwer, spontan deine Wut auszudrücken?
2. Neigst du dazu, Sachen zu sammeln, die eines Tages nützlich sein könnten?
3. Gehst du Konflikten aus dem Weg?
4. Kommst du oft zu spät zu Verabredungen?
5. Fällt es dir leicht zu sehen, daß alle Standpunkte eine gewisse Gültigkeit haben?
6. Genießt du es, Zeit zum Träumen zu haben, ohne jeden Leistungsdruck?
7. Hast du Partner, die emotional unbeständiger sind als du?
8. Fällt es dir leichter, in deine private Gedankenwelt abzudriften, als spontan deinen Standpunkt zu verteidigen?
9. Würdest du allgemein sagen, daß du dich in der Welt wohl fühlst?
10. Ist es einfacher, dich über ein Problem bei einem Dritten zu beklagen als bei dem, der das Problem verursacht hat?
11. Hast du manchmal Wutausbrüche, deren Heftigkeit in keinem Verhältnis zu der momentanen Situation stehen?
12. Hast du Angst, daß du jemanden ernstlich verletzen oder töten könntest, solltest du einmal wirklich wütend werden?
13. Galten Zornausbrüche in deiner Kindheit als unerwünscht?
14. Verlierst du dich manchmal in Details (wie z. B. die Ritzen zwischen den Badezimmerfliesen mit einer Zahnbürste sauberzumachen) und merkst dann plötzlich, daß Stunden vergangen sind?
15. Fällt es dir schwer, nein zu sagen, wenn man dich um einen Gefallen bittet, und wirst du dann langsam und widerspenstig bei der Durchführung, wenn du es nicht wirklich tun willst?

Neuner werden die weitaus größte Zahl der obigen Fragen mit ja beantworten. Du mußt nicht alle so beantworten, um eine Neun zu sein. Jeder von uns wird einige der Fragen bejahen,

auch wenn er nicht in der Neun fixiert ist. Wenn es dir jedoch leichtfällt, spontan deine Wut auszudrücken und du willens oder erpicht darauf bist, in konfliktreichen Situationen zu sein, dann bist du wahrscheinlich keine Neun.
Du kannst in der Neun fixiert sein, auch wenn dir die eine oder andere Situation einfällt, in der du wütend wurdest und den Konflikt suchtest. Prüfe die übergreifenden Muster deines Lebens. Fange an, einen Überblick zu entwickeln; das ist ein erster Schritt zur Selbsterkenntnis auf dem Weg zum Aufwachen.

der Krieger

Der Krieger

Punkt Acht: Die mißbrauchtreibende Persönlichkeit
Der äußerliche Zorn-Punkt

Höhere Oktave:	**Der Krieger**
Heilige Idee:	Wahrheit
Heiliger Weg:	Unschuld

Untere Oktave:	**Die mißbrauchtreibende Persönlichkeit**
Leidenschaft:	**Lust**
Idealisierung:	Ich bin kompetent
Redestil:	Bevormunden
Falle:	Gerechtigkeit
Abwehrmechanismus:	Verleugnung
Vermeidung:	Schwäche
Dichotomie:	Puritaner/Hedonist
Beispiele:	Georges Gurdjieff, Jack Nicholson, Idi Amin, Katherine Hepburn, Madame Blavatsky, Ludwig van Beethoven, Fritz Perls, Josef Stalin, Debra Winger, Lyndon B. Johnson, Anthony Quinn, Zorba the Greek, Swami Muktananda, Chögyam Trungpa, Mae West, Robert De Niro

Die Acht ist die erweiterte oder äußerliche Version der Neun. Neuner haben ihren persönlichen Standpunkt verloren; Achter dagegen haben zu allem eine Meinung. Die Neun richtet ihren Zorn nach innen, die Acht projiziert ihn auf die Welt. Achter fühlen sich in ihrem Zorn gerechtfertigt. Die Leidenschaft der Lust oder die Falle der Gerechtigkeit treibt die Acht aus der matten, trägen und leblosen Position der Neun heraus.

In der Acht ist Wahrheit die heilige Idee, und Unschuld ist der Weg. Die Ego-Struktur der Achter-Persönlichkeit nimmt die heilige Idee und benutzt sie, um das Ego zu rechtfertigen. So wie die Neun mit der heiligen Idee der Liebe ihre Trägheit in bezug auf Zorn rechtfertigt, so benutzt die Acht die heilige Idee der Wahrheit und den Weg der Unschuld, um Rachsucht und Beschuldigungen zu rechtfertigen.

Achter geben immer jemandem die Schuld. Jeder beschuldigt dann und wann jemanden, aber Achter tun es zwanghaft. Sie leben in dem Gefühl von »Ich bin unschuldig! Ich habe es nicht getan!« - und sie benutzen diese selbstgerechte Haltung, um der Welt die Schuld zu geben.

Achter gehen jederzeit auf die Barrikaden, um ihre Unschuld zu beweisen oder um einen Wehrlosen vor Ungerechtigkeit zu beschützen. Wenn die Acht die heilige Idee der Wahrheit mißbraucht, dann wird daraus: »Erzähle mir keine Geschichten, mir kann man nichts vormachen. Ich bin an der Wahrheit interessiert.« Nichtsdestotrotz sind Achter im allgemeinen die größten Lügner und Angeber innerhalb des Enneagramms. Als Kinder waren sie die »bösen« Jungen und Mädchen.

Jehovah ist eine Acht - er sorgt für die Seinen und bringt alle anderen um. »Löscht alles Lebendige aus« - dieser Befehl Jehovahs an die Hebräer auf ihrem Marsch durch die Wüste ins Gelobte Land findet sich mehrfach im Alten Testament. Jehovah ist ein rach- und eifersüchtiger Gott. Eine Nachahmung der patriarchalischen Herrschaft Jehovahs ist der Mafia-Pate. Er sorgt für seinen Klan; wer nicht dazugehört, wird als Feind betrachtet.

Interessanterweise sind die meisten Menschen wenig davon angetan, wenn sie erfahren, zu welcher Fixierung in diesem System sie gehören - mit Ausnahme der Achter. Viele Leute sagen, wenn sie die eigene Fixierung erkennen, daß sie lieber etwas anderes wären. Nicht so die Achter. Männliche Achter sind im allgemeinen begeistert. Sie lieben es, Geschichten über sich zu hören. Eine Lieblingsbeschäftigung der Acht besteht darin, damit zu prahlen, etwas angestellt zu haben, knallhart zu sein oder Erstaunliches überlebt zu haben. Lyndon B. Johnson zog im Fernsehen einmal sein Hemd hoch, um seine Operationsnarben zu zeigen - ein typisches Beispiel für dieses Verhalten.

Für weibliche Achter ist es in unserer Gesellschaft schwer, ihre Fixierung auszuleben, da sie »unweiblich« ist. So versuchen sie manchmal, in traditionelle Frauenrollen zu schlüpfen. Oft sind sie dann zutiefst frustriert von ihrer Verwirklichung in der Welt. Andererseits gibt es Frauen wie die Schauspielerin Debra Winger, die darüber spricht, wie gerne sie mit Jack Nicholson zusammenarbeitet und daß ihre Bindung darauf beruht, daß sie beide gerne Spaß haben. Mae West ist ein weiteres Beispiel für eine weibliche Acht, die ihre Karriere auf ihrer Lust und ihrer Amüsierfreude aufgebaut hat.

Oft kann man die Acht an den Augen erkennen. Achter können einen durchdringenden Blick haben und eine vorgewölbte Augenbrauenpartie wie Lee Marvin, Jack Nicholson und Josef Stalin.

Das aus jesuitischer Sicht geschriebene Buch *The Enneagramm of Personality* ordnet den einzelnen Fixierungen ihrem Entwicklungsgrad entsprechend metaphorisch verschiedene Tiere zu. Einige passen, andere scheinen etwas danebengegriffen. Besonders gut gewählt ist das Tier für die unentwickelte Acht: das Rhinozeros. Ein Rhinozeros sieht nicht besonders gut, geht auf Dinge los, die es nicht versteht, ist sehr dickhäutig und sieht die Welt schwarzweiß.

Die Acht hat wenig Verständnis für Grauzonen. Sie neigt dazu, die Dinge als sich gegenseitig ausschließende Gegensätze zu betrachten. »Entweder bist du mein Freund oder mein Feind.« Achter haben einen sechsten Sinn entwickelt, um Schwäche zu erkennen. Die Acht vermeidet Schwäche um jeden Preis. Da jede Acht hinter ihrer vorgetäuschten Härte ein verängstigtes, inkompetentes kleines Kind versteckt, hat sie gelernt, deine Schwäche auszumachen und anzugreifen, bevor du ihre eigene entdecken kannst.

Außerhalb des Gesetzes zu stehen ist ein häufiges Problem für die Acht. Kleinere Gesetzesbrecher sind hier zu Hause; Achter sind gewöhnlich sehr antiautoritär. Sie richten sich nur nach Gesetzen, die sie für korrekt und auf sie zutreffend halten. Fast immer findet sich in der Geschichte der Acht irgendeine Aktivität, die außerhalb der Legalität angesiedelt ist. Gelegentlich kommt es zu echten Verbrechen. Ungeschoren mit etwas davonzukommen kann zu einer Lieblingsphantasie werden.

Die Acht kann auch der heldenhafte Krieger sein - jemand, der für das Wohl anderer arbeitet. Gurdjieff ist ein gutes Beispiel. Er widmete sein Leben seiner Arbeit, die die Erleuchtung anderer zum Ziel hatte. Doch wenn Gurdjieff Geld brauchte, war es nicht unter seiner Würde, heimische Vögel zu fangen, sie gelb zu färben und als amerikanische Kanarienvögel zu verkaufen.

Der tibetanische Lama Chögyam Trungpa stellte sein Leben ebenfalls in den Dienst der Menschheit. Seine Bücher sind brillant und von leuchtender Klarheit. Das von ihm gegründete Naropa-Institut und sein Shambhala-Training gehören zu den Wegbereitern eines neuen kulturellen Bewußtseins. Er war bekannt dafür, auf dem Weg zum Podium betrunken hinzufallen, um dann eine brillante Rede abzuliefern, und er gab sich keine Mühe, seine Vorliebe für das Trinken und für Frauen zu verbergen. Vor kurzem ist er im Alter von 46 Jahren an den Folgen seines exzessiven Alkoholkonsums gestorben.

Fritz Perls, der Vater der Gestalttherapie, verdiente seinen Lebensunterhalt damit, den Leuten beizubringen, ihren Zorn auszudrücken. Fritz liebte es, Klienten und Studenten auf die

Füße zu treten, wenn sie nicht die Wahrheit erzählten, sondern »Bullshit«, wie er es nannte.

Einer Krankenschwester zufolge waren Fritz Perls' letzte Worte, als er sterbend in einem kanadischen Krankenhaus lag, ein Versuch, die Kontrolle zu behalten. Als man ihm sagte, er müsse im Bett bleiben und eine Bettpfanne benutzen, anstatt zur Toilette zu gehen, hievte er sich aus dem Bett und sagte: »Niemand sagt mir, was ich tun soll.« Das waren seine letzten Worte, bevor er tot umfiel.

Vor kurzem wurde, nach zwanzig Jahren, ein Treffen für von Fritz ausgebildete Gestalttherapeuten veranstaltet. Dabei kamen Dinge zur Sprache, über die zwanzig Jahre lang geschwiegen worden war. Sämtliche Frauen fühlten sich von Fritz sexuell mißbraucht und sprachen über seine Tendenz, sich ausnahmslos an alle Frauen heranzumachen, ohne Rücksicht auf deren Alter, Form oder Umfang. Die Männer dagegen fühlten sich heruntergemacht und entmannt. Fritz wurde für den genialen Vater gehalten, der uneingeschränkte Macht besaß; scheinbar hatte nie jemand den Mut gehabt, ihm seine Nummer vorzuwerfen. Alle Achter haben die unterschiedlich stark ausgeprägte Fähigkeit, Kontrolle und Dominanz aufrechtzuerhalten, indem sie kompetent erscheinen. Fritz war darin ein Meister.

In persönlichen Beziehungen, am Arbeitsplatz und bei gesellschaftlichen Anlässen haben Achter die Tendenz, so viel Raum wie möglich einzunehmen und die Situation zu beherrschen. Da in der Acht der Raufbold zu Hause ist und Zorn hier gerechtfertigt wird, sind die meisten Gefängnisinsassen Achter. Mexiko und Israel sind Beispiele für Achter-Kulturen, ebenso sind die palästinensischen Terroristen eine typische Achter-Gruppierung.

Leidenschaft

Lust treibt die Achter-Maschine an. Nicht notwendigerweise Lust im sexuellen Sinn, obwohl das auch mitspielen kann, sondern Lust im Sinne einer Überkonsumierung des Lebens. Wenn es ihr gerade um Sex geht, wird die Acht entweder zu viel lieben oder ständig sexuell erregt sein; wenn die momentane Freude im Essen besteht, wird sie zuviel essen. Alles wird exzessiv betrieben. Oft sterben diese Leute an Zirrhose, Gicht oder Syphilis.

Die Acht holt sich mit ihrer Lust aus der Trägheit der Neun heraus, und so hat sie die Tendenz, entweder zu schlafen oder mit Vollgas loszustürmen. Achtern fällt es schwer, die Dinge maßvoll zu betreiben.

Der folgende Brief wurde der Briefkastentante einer amerikanischen Zeitung geschrieben:

> Liebe Abby,
> vor fünf Jahren wurde mein Mann pensioniert, und bisher konnte ich ihn nicht dazu bewegen, das Tempo zu drosseln. Wenn wir im Auto unterwegs sind, schreit er den Fahrer vor uns an, weil der nicht schnell genug von der Ampel wegkommt. In der Schlange vor der Kasse im Supermarkt murrt er, weil die Dame vor uns einen Scheck ausstellen muß.
> Er schlingt sein Essen hinunter. Bevor ich mich überhaupt hinsetze, ist er immer schon halb fertig. Wenn wir zusammen spazierengehen, ist er mir immer drei Schritte voraus. Er sagt, ich schleiche. Es ist nicht so, daß er einen zu hohen Blutdruck hätte, er ist eher niedrig – aber meiner steigt langsam an.

Höchstwahrscheinlich schreibt diese Frau über einen Achter. Das sind die Leute, die von sich sagen: »Magengeschwüre bekomme nicht ich, sondern der, der mit mir zu tun hat« oder: »Ich habe recht, auch wenn ich unrecht habe.«

Die Acht lebt ihre Wut aus, anders als die beiden anderen Zorn-Punkte. Die Neun ist der Meinung, Zorn sei etwas Unrechtes, und sie wird unbewußt. Die Eins dagegen erlebt ihre Wut, verinnerlicht sie, und gibt sich selbst die Schuld, wenn etwas schiefgeht. Die Acht »weiß«, daß Zorn angebracht ist, und sie »weiß«, daß ein anderer schuld ist. Ganz egal, um was es geht, Achter sind immer in der Lage, ihren Zorn und ihre Heftigkeit zu rationalisieren und zu rechtfertigen. Je mehr sich die Beweise häufen, daß die Acht im Unrecht ist, desto lauter wird sie.

Swami Muktananda war eine Acht. Es gibt eine Geschichte über ihn: Ein Schweigegelübde, das sechs Monate gedauert hatte, ging dem Ende zu, und im Ashram verbreitete sich die Nachricht, daß Muktananda nun sein Schweigen brechen würde. In gespannter Erwartung der ersten erleuchteten Worte des Gurus versammelten sich alle in der Halle. Er sagte: »Ich habe gehört, daß es Beschwerden über die Kosten dieses Ashrams gegeben hat. Wißt ihr eigentlich, wie teuer es ist, euch unterzubringen und zu ernähren?« Dann redete er endlos über die Unkosten.

Muktananda sagte, im Laufe der Geschichte seien viele Religionsführer verfolgt worden, doch ihm sei das nicht passiert. »Jesus sprach: ›Wenn dich jemand auf die linke Wange schlägt, dann halte ihm auch die rechte hin.‹ Da bin ich anderer Meinung. Wenn mich jemand auf die linke Wange schlägt, dann schlage ich ihn auf alle beide Wangen und am ganzen Körper, bis ich dieses Bedürfnis nach Gewalttätigkeit aus ihm herausgeprügelt habe!« Nach seinem Tod tauchten Geschichten auf, in denen von sexuellem Mißbrauch seiner sehr jungen Anhängerinnen die Rede war.

Die Annäherung der Acht an andere Menschen besteht in Widerspruch und Angriff.

Ein siebzigjähriger Psychotherapeut, eine Acht, machte einen unserer Workshops mit und erzählte uns eine Geschichte, die erst vor kurzem geschehen war:

»Wißt ihr, ich dachte, ich hätte es hinter mir. Ich dachte, so was machst du nicht mehr. Aber dann schneidet mich dieser Mistkerl mit dem Auto. Und schon steige ich aus meinem

Wagen« - das erzählt ein kluger, liebenswürdiger, siebzigjähriger Psychotherapeut - »gehe zu ihm rüber und packe ihn durchs Fenster. Und während ich aus dem Auto steige und auf ihn zugehe, sage ich mir die ganze Zeit: ›Morty, das kann doch nicht wahr sein, daß du so was machst!‹ «
Morty war nicht jemand, den man für feindselig oder gewalttätig halten würde, doch wenn es ihn packte . . .
Achter wollen Vergeltung. »Wenn du mir was tust, dann kriege ich dich auch dran.« Wenn die Acht nicht in der Lage ist, den andern gleich dranzukriegen, dann wird die Feindseligkeit als Groll gehegt und kommt als späte Rache wieder zum Vorschein.

Kindheit

Um Überleben zu können, mußte die Acht eine harte Schale, ein hartes Äußeres entwickeln. Sie mußte schnell erwachsen werden und für sich sorgen. Sie wurde für Dinge bestraft, die sie nicht getan hatte, und sie kam mit Dingen, die sie getan hatte, ungeschoren davon. Dadurch entstand das Gefühl, daß die Gesetze willkürlich sind: »Ich mache meine eigenen Regeln, und ich folge meinen eigenen Regeln.«
Während die Neun als Kind im Hintergrund stand, wurde die Acht gequält - oder hatte zumindest das Empfinden. In den meisten Fällen handelte es sich um körperliche Bestrafung; doch auch die Achter, die nicht geschlagen wurden, berichten alle über irgendeine Form von Quälerei. Die Acht kam sehr früh zu der Überzeugung, daß die Welt ein Dschungel ist, und um in diesem Dschungel zu überleben, mußt du die anderen erwischen, bevor sie dich erwischen.
Achter fühlen sich als Opfer von Ungerechtigkeit. Und so wird Gerechtigkeit ein wichtiges Thema für sie. Die Acht gibt der Welt die Schuld.
Eine weibliche Acht erzählte in einem unserer Workshops, wie sie einmal von ihrer Mutter fälschlich beschuldigt worden war:

»Als ich ein kleines Kind war, lebte ich alleine mit meiner Mutter. Wir besaßen eine Katze. Meine Mutter hatte eine Vorliebe für teures Parfüm. Sie hatte all diese Parfümflaschen auf ihrem Toilettentisch stehen, und eines Tages muß unsere Katze da hinaufgekommen sein. Ich stellte die Flaschen alle wieder auf, bevor meine Mutter nach Hause kam, aber das verschüttete Parfüm stank fürchterlich. Sobald sie zur Tür hereinkam, fing sie an zu schreien, ich sei an ihrem Parfüm gewesen. Erstens konnte ich ihr Parfüm nicht ausstehen; und dann hatte ich ja auch keinerlei Schuld. Ich sagte: ›Ich habe es nicht getan. ›Wer denn sonst?‹ Und sie hörte und hörte nicht auf.

Ich schaute sie eine Weile an, als sie fortfuhr, mich anzuschreien und mich fälschlich zu beschuldigen. Dann sagte ich: ›Warte einen Moment‹, ging rüber zum Toilettentisch und warf sämtliche Flaschen an die Wand. Ich zerbrach sie alle. Und was nicht gleich kaputtging, zertrümmerte ich nachträglich.

Als nächstes kriegte ich eine Tracht Prügel von ihr. Ich hatte das Gefühl, ich hätte sie umgebracht, wenn ich je zurückgeschlagen hätte, weil sie so klein war. Also dachte ich: ›Okay, ich lasse mich vertrimmen, aber erst gönne ich mir das Vergnügen, das zu tun, wofür ich bestraft werde.‹«

Eine andere Geschichte beschreibt den Moment, in dem sich die Fixierung kristallisierte. »An meinem dritten Geburtstag zogen wir von Brooklyn nach Queens um, und die Sache passierte kurz vor unserem Umzug. Zwischen unserem Apartmenthaus und den Sandsteinhäusern an der nächsten Ecke befand sich ein leeres Grundstück. Eines Tages kam ich zu dem Grundstück und fand dort zwei meiner Freunde aus dem Apartmenthaus, die gerade von den Kindern aus den Sandsteinhäusern verprügelt wurden.

Ich erinnere mich noch lebhaft daran, wie ich zu meinem Freund hinüberrannte und rief: ›Warte, Mark, ich helfe dir!‹ Ich packte den Jungen, der sich mit Mark prügelte und schubste ihn mit beiden Händen. Er flog nach hinten und schlug mit dem Kopf auf einen Stein auf.

In diesem Augenblick stand die Zeit still. Eine merkwürdige Stille breitete sich aus, als alle erstarrten und auf den Jungen am Boden sahen. Plötzlich begann rotes Blut von seinem Kopf auf den Stein zu tropfen, und er stieß einen Schrei aus.
Der Schrei zerriß die Stille, und im nächsten Moment waren sie alle hinter mir her. Ich sprang auf Marks Dreirad und versuchte, nach Hause zu kommen, aber es war nicht schnell genug. Ich rannte zum Haus und klingelte wie wahnsinnig nach meiner Mutter, damit sie die Tür aufmachte. Ich war halbtot vor Angst, als die Bande mich einholte. Ein älteres Kind packte meinen Kopf, und während es brüllte, ich hätte seinem Cousin den Schädel eingeschlagen, versuchte es dauernd, dasselbe mit dem meinen zu tun.
Eine Ewigkeit schien zu vergehen, bevor meine Mutter endlich auftauchte und mich hineinließ. Von diesem Moment an stand ich in dem Ruf, ein Problemkind zu sein. Niemand konnte mich kontrollieren, da ich wußte: Wenn ich sie wirklich brauche, sind sie nicht da.«

Idealisierung

Achter machten in sehr frühen Jahren die Erfahrung, vom Leben überwältigt zu werden. Der Augenblick, in dem sich die Fixierung kristallisierte, wurde oft als eine Angelegenheit auf Leben und Tod empfunden. Da sie diese überwältigende Probe überlebten, entwickelten sie die Theorie, sie könnten mit allem fertig werden. Deshalb gelten sie als überlegen und gerissen.
Die Neun redet sich ein: »Ich fühle mich wohl.« Egal, wie hart das Leben auch im Moment sein mag, im allgemeinen werden Neuner sagen: »Mir geht's ganz gut hier. Ich habe meinen Fernseher, meine Rechnungen sind bezahlt. Ich komme über die Runden, ich bin okay.« Sich wohl zu fühlen, keine ernsten Probleme im Leben zu haben – das wird idealisiert.
Die Acht redet sich ein: *»Ich bin kompetent.«* Sie wird mit allem

fertig. Aus dieser Haltung heraus und weil sie einen Anreiz braucht, um wach zu bleiben, lebt die Acht oft gefährlich. Achter fahren zu schnell Auto; manchmal fahren sie wie die Irren. Ein Achter sagte dazu, er würde nie schnell fahren, sein Leben und seine Sicherheit seien ihm zu wertvoll. Er fügte allerdings gleich hinzu, es gäbe da gewisse Stoppschilder, die er ignoriere, weil sie an der falschen Stelle stünden.
Der Mafia-Boss verkörpert in unserer Gesellschaft eine Achter-Rolle. Er hat strenge moralische Grundsätze. Er würde dich nie im Haus deiner Mutter umbringen. Er beschützt die Familie und sorgt für sie, er schützt die Gemeinschaft, macht sie zu einem sicheren Ort und sorgt für die Kinder. Wenn du Probleme hast, wird er dir Geld geben. Die Aufgabe des Mafia-Bosses besteht darin, für die Familie zu sorgen - für ihn sind sie die Schwachen in einer feindseligen Welt.
Da die Gesellschaft als Feind angesehen wird und da die Möglichkeiten in diesem System ungerecht verteilt sind, gelten die Regeln der Gesellschaft nicht für die Acht.

Redestil

Der Redestil heißt *bevormunden*. Neuner erzählen dir Sagas, während die Acht sagt: »Das Problem mit dir ist ...« Ihr Humor kann sadistisch und provozierend sein. Die Eins predigt, die Neun erzählt Sagas, und die Acht fühlt sich berufen, dir zu sagen, was du tun und lassen sollst. Achter halten es für ihre Pflicht, dich wissen zu lassen, was gut für dich ist und was mit dir nicht stimmt.
Die Eins besitzt moralische Gradlinigkeit; die Acht dagegen ist selbstgerecht. Wenn dich die Acht bevormundet, geschieht das aus einem Gefühl von Überlegenheit und Kompetenz heraus und aus einem physischen Zwang im Körper, eine dominierende Stellung einzunehmen.

Falle

Die Falle der Acht ist *Gerechtigkeit.* Da Achter als Kinder schlecht behandelt wurden, werden sie zu Verteidigern der Unterdrückten. Achter gehen auf die Barrikaden und bekämpfen das System im Namen der Gerechtigkeit. Sie sind fähig, im Namen der Gerechtigkeit die Regierung zu stürzen. Oft leisten Achter zwar wirklich gute Arbeit im Dienste der Gerechtigkeit, aber die selbstgerechte Haltung gibt der Fixierung Nahrung und hat oft zur Folge, daß die Acht noch tiefer einschläft.

Abwehrmechanismus

Der Abwehrmechanismus der Acht ist *Verleugnung*. Das funktioniert auf zweierlei Arten. Zuerst wird jegliche Schuld abgeleugnet und auf einen anderen projiziert. Dann werden Gefühle verleugnet. Die Acht kann starke Emotionen haben, ohne sich ihrer bewußt zu werden, da sie ein Zeichen von Schwäche, Verletzlichkeit oder Schuld sein könnten. Die Verleugnung der Acht entsteht aus der Tatsache, daß sie in der Kindheit willkürlich bestraft wurde, und aus dem Gefühl, sich gegen eine feindselige Welt verteidigen zu müssen.
In der Acht verbirgt sich ein zartes, liebes, verängstigtes kleines Kind, das eine harte Kriegermaske aufsetzen mußte. Immer kompetent zu erscheinen und das Verleugnen von Gefühlen und Fehlern - das alles sind Strategien im Umgang mit Angst und Zorn.

Vermeidung

Vermieden wird *Schwäche.* Achter erscheinen immer kompetent, um Schwäche zu vermeiden. Eine Acht weiß, daß sie an sich arbeitet, wenn sie es sich erlaubt, im Umgang mit Freunden und Arbeitskollegen sanft zu sein. Die Acht behauptet:

»Ich bin kompetent. Ich bin nicht schwach. Ich werde damit fertig.« Für gewöhnlich ist die Acht erst nach beträchtlicher Arbeit an sich selbst bereit, Verletzlichkeit zu zeigen und sich dem Augenblick zu überlassen, anstatt ihn zu beherrschen.

Dichotomie

Die Dichotomie der Acht heißt *Puritaner/Hedonist*. Das sind zwei unterschiedliche Ausdrucksweisen der gleichen exzessiven Verhaltensweise. Wie bei allen Fixierungen sind auch hier beide Seiten der Polarität vorhanden.
Der puritanische Achter wird allen, die ihn kennen, arbeitswütig bis zur Besessenheit erscheinen. Extrem langes und hartes Arbeiten und sehr frühes Aufstehen kann exzessiv betrieben werden und wird benutzt, um Macht in Beziehungen zu gewinnen. Die puritanische Acht erledigt immer mehrere Dinge gleichzeitig und steht ständig unter Zeitdruck. Nach getaner Arbeit können diese Leute harte Trinker und Draufgänger sein, die allen, die nicht hier fixiert sind, hedonistisch erscheinen.
Der hedonistische Achter prahlt nicht mit harter Arbeit, sondern mit langen Nächten. Er ist stolz darauf, nicht zuviel arbeiten zu müssen, damit er mehr Zeit zum Feiern hat.
Wie bei allen Fixierungen hat auch die Acht beide Seiten der Dichotomie immer in sich, aber eine davon wird der Stil sein, den sie der Welt präsentiert. Egal, welchen Stil sich die Acht zulegt, sie wird ihn immer benutzen, um zu dominieren, um emotionale Verletzlichkeit zu vermeiden und um ihre Überlegenheit zu beweisen.

Untertypen

Selbsterhaltung: befriedigendes Überleben

Wenn die Leidenschaft der Lust in den Instinkt zur Selbsterhaltung einsickert, sprechen wir von *befriedigendem Überleben*. Die Selbsterhaltungs-Acht fühlt sich wohl, solange die grundlegendsten Lebensbedürfnise abgedeckt sind. Der harte Kern der Überlebenskünstler ist hier zu Hause. Es macht diesen Menschen Freude, außerhalb gesellschaftlicher Konventionen zu leben. Es gefällt ihnen zu wissen, daß sie niemanden brauchen, um zu überleben.

Ein Achter arbeitete in den sechziger Jahren als Kellner und verdiente gutes Geld damit. Er wohnte jahrelang in einer baufälligen Hütte hinten im Garten. Er besaß einen Fernseher, es war warm, er hatte alles, was er unbedingt brauchte, und er genoß es.

Als ich diese Geschichte einmal in einem Workshop erzählte, sagte ein Selbsterhaltungs-Achter: »Also, bei mir war es so ähnlich, ich wohnte in einem Schuppen aus Sperrholz, der bei jemandem im Garten stand. Elektrizität durften wir nur zum Rasieren benutzen.« Während er uns die Geschichte erzählte, schwoll er vor Freude an, füllte den Raum mit seiner Energie und lachte über seine eigenen Witze. Er sagte, er liebte es, so zu leben, da er damit das System unterlief. Er kam damit ungeschoren davon, es machte Spaß, und es war gut genug. Andere uns bekannte Achter haben in Baumhäusern, Autos und Garagen gewohnt.

Ein anderer Achter erzählte: »Ich hauste in der Garage meines alten Yoga-Lehrers, und ich war stolz darauf, mein Bett aus einem Schrotthaufen zusammenbauen zu können. Ich liebte das Abenteuer, und ich habe mir da ein richtig nettes Plätzchen eingerichtet.«

Sozial: Freundschaft

Wenn Lust in den sozialen Instinkt sickert, nennt man das *Freundschaft*. Loyalität zu Freunden und manchmal zu Gruppen wird zu einer der Hauptsachen im Leben. Wenn du erstmal auf der Freundesliste bist, dann bleibst du da lebenslänglich. Soziale Achter bemühen sich sehr um Klarheit; sie sind immer bereit, sich mit Freunden auseinanderzusetzen, um Unklarheiten zu vermeiden. Das stimmt für alle Achter, aber ganz besonders für die soziale Acht. Soziale Untertypen sind gerne unter vielen Menschen. Selten wird der sexuelle Untertyp derjenige sein, der ein Mittagessen im Restaurant mit einem halben Dutzend Freunden organisiert.
Eine soziale Acht sagte uns einmal, daß Basketballspielen mehr Spaß mache als Sex. Für die soziale Acht bedeutet Loyalität zu Freunden sehr viel. In der sexuellen Acht kommt das anders zum Ausdruck. Wenn ein Mafia-Boss ein sexueller Achter ist, dann ist er zwar seinen Leuten gegenüber loyal, aber möglicherweise ist er mit keinem von ihnen befreundet.

Sexuell: Besitz/Hingabe

Während alle sexuellen Untertypen Zweierbeziehungen zu bevorzugen scheinen, geht es bei der sexuellen Acht darum, den Geliebten zu besitzen. Die Möglichkeit der Hingabe an den Geliebten ist ebenfalls wichtig.
Das bedeutet nicht notwendigerweise Monogamie oder ausgeprägte Eifersucht. Ein sexueller Achter, den wir kennen, spricht über seine offene Beziehung so: »Für mich ist es in Ordnung, wenn meine Partnerin andere Liebhaber hat, weil wir so tief miteinander verbunden sind, daß es ungefährlich ist. Ich bin sicher, daß niemand je meinen Platz einnehmen könnte.«
Besitz/Hingabe bedeutet, den anderen vollständig zu besitzen und dann fähig zu sein, sich dem anderen auch hinzugeben.

Wer den Ton angibt, wird zu einem Thema, hinter dem die Acht sich versteckt, um sich nicht den zarten und verletzlichen Gefühlen der Intimität öffnen zu müssen.
Eine männliche sexuelle Acht erzählte uns von einer Affäre mit einer weiblichen sexuellen Acht: »Auf jeder Ebene unserer Beziehung ging es darum, wer den Ton angab; beim Geld, beim Essen und beim Sex. Dauernd ›machte‹ sie etwas für mich. Sie kaufte mir Blumen. Mir hatte noch nie jemand den Hof gemacht, Blumen gekauft, Süßigkeiten oder Geschenke. Ich erkannte meine eigenen Muster und sah, daß die Verführung der sexuellen Acht darauf hinausläuft, den Geliebten besitzen zu wollen. Mir war vorher nie klar geworden, daß es eine Art von Besitzergreifen ist, ein Geschenk zu machen. Das habe ich erst verstanden, als es mir selbst passierte. Ich war völlig überrascht, als ich merkte, wieviel Aggression darin liegen kann, für jemanden zu sorgen.«

Beispiele

Die unentwickelte Acht verkörpert die chauvinistische Machohaltung in der Gesellschaft. Die Rollen, die Lee Marvin spielte, sind ein gutes Beispiel. Die von ihm dargestellten Charaktere hatten knapp unter der Oberfläche immer eine bedrohliche Qualität. Sie waren immer gefährlich und exzessiv. Man kann sich Lee Marvin schwer als sanften Unschuldsengel vorstellen.
Die unentwickelte Acht personifiziert sowohl die asoziale Persönlichkeit als auch den Raufbold und den Eiferer. Sheriff Jim Clark, der in den sechziger Jahren dafür bekannt wurde, daß er in Selma, Alabama, auf schwarze Bürgerrechtskämpfer einschlug, ist ebenfalls eine Acht. Jack Nicholson, auch ein Achter, spielt in all seinen Filmen Achter, sei es der Teufel, der Mafia-Mann oder der kleine Betrüger in dem Film *Einer flog übers Kuckucksnest*. In dieser Geschichte von Ken Kesey wird ein Achter porträtiert, dessen Mitfühl für die Schwachen ihn

zu Fall bringt, während er versucht, das System zu unterlaufen.

Viele Schauspieler können Achter darstellen. Steve McQueen, eine Sechs, spielte Achter. Marlon Brando, eine Vier, spielt meistens Achter. Clint Eastwood, eine Eins, spielt immer Achter. Aber wenn man genau darauf achtet, wie diese Schauspieler ihre Rollen darstellen, wird der Unterschied zu jemandem wie Jack Nicholson sofort deutlich.

James Caan ist eine Acht. In der Dick-Cavett-Show, einer amerikanischen Fernsehtalkshow, sprach Cavett über Caans Heldentaten. »Als Sie das letzte Mal hier waren, haben Sie tatsächlich unseren Parkplatzwächter verprügelt«, sagte Cavett. Caan rechtfertigte sich sofort und übertrieb ein wenig: »Er hat mir wirklich keine Wahl gelassen«, sagte er.

Der Sänger Jerry Lee Lewis ist eine hedonistische Acht; sein Vetter, der Prediger Jimmy Swaggart, ist eine puritanische Acht.

Für Frauen ist es in unserer Gesellschaft hart, Achter zu sein. Dominanz und Zorn sind den Männern vorbehalten, und so werden Frauen, die Macht und Kompetenz zum Ausdruck bringen, oft von der Gesellschaft gemieden. Madame Blavatsky und Frances Farmer waren weibliche Achter. Gertrude Stein könnte eine Acht gewesen sein. Es gibt viele weibliche Achter, die sehr viel Kraft besitzen. Mother Jones könnte dazugehören. Katherine Hepburn und Debra Winger sind Achter. Bernadette Devlin, Bernadine Dorn und Mae West sind Beispiele für weibliche Achter, die sich weigern, sich den gesellschaftlichen Normen anzupassen.

Einige weibliche Achter gehen sozusagen in den Untergrund. Sie spielen an der Oberfläche passive, brave Rollen und leben ihre Lust hinter den Kulissen aus.

Wir kennen einen Achter, der 96 Jahre alt ist. Wie er sagt, ist er allergisch gegen »Bullshit«. »Ja, ich bin dagegen allergisch, aber ich liebe es sehr, ab und zu damit um mich zu werfen.«

Ike Turner, der Ex-Ehemann von Tina Turner, ist eine Acht. Einem Interviewer erzählte er einmal: »Ich bereue nichts, was

ich je getan habe, absolut nichts, denn all das brauchte ich, um zu dem Kerl zu werden, der ich heute bin, und ich liebe mich. ... Ja, ich habe sie (Tina) verprügelt, aber nicht mehr als der Durchschnittsmann seine Frau eben prügelt . . .«
Während des Interviews fummelte Ike an seiner weiblichen Begleitung herum und prahlte mit seinen sexuellen Eroberungen. »Mit der Bumserei habe ich angefangen, als ich sechs Jahre alt war . . . Ich war zehnmal verheiratet. Mit dem Heiraten habe ich angefangen, als ich vierzehn war.«
Turner wuchs in Mississippi während der Depression als Sohn eines Predigers und einer Näherin auf. Mit sechs begann er zu arbeiten. Mit acht verkaufte er Alteisen und war in alle möglichen schrägen Geschäfte verwickelt. Er lief von zu Hause fort und machte einen kurzen Abstecher nach Memphis, wofür er von seiner Mutter eine Tracht Prügel bekam. Was ihn nicht davon abhielt, weiter die Schule zu schwänzen und in einer Billard-Kneipe rumzuhängen, wo er erstmalig mit der Musik in Berührung kam.
Er brach das Gesetz, nahm jede Menge Drogen, und wenn er gut bei Kasse war, verteilte er überall in seinen Hotelzimmern Schalen mit Kokain, damit Freunde sich bedienen konnten.
Jabba the Hut, eine Figur aus den *Star Wars*-Filmen, ist die letzte Acht, die ich hier erwähnen will. Er war zwar ein gemeiner Kerl und neigte zu Exzessen, aber man konnte sich auf ihn verlassen. Genauso mag dich der Teufel nach allen Regeln der Kunst auf Kreuz legen; aber er hält immer sein Wort.

Die höhere Oktave

In der höheren Oktave ist hier der Ort des *Kriegers.* Der Weg ist *Unschuld,* die heilige Idee ist *Wahrheit.* Die Acht ist wirklich auf ihrem Weg, wenn sie neuen Situationen wie ein kleines Kind begegnet – frisch, ohne Vorurteile, bereit, Schwäche zu zeigen, ohne recht haben zu müssen, und auch bereit, die Wahrheit zu sagen.

Das Buch vom meditativen Leben[1] von Chögyam Trungpa beschreibt den Weg des Kriegers sehr gut aus einer erleuchteten Haltung heraus. Ich empfehle dieses Buch jedem, da wir alle lernen müssen, den erleuchteten Krieger zu manifestieren als wesentlichen Teil der Entwicklung unseres Wesens. Die Acht kann dieses von einer erleuchteten Acht geschriebene Buch auf ihrem spirituellen Weg als Führer und Orientierungshilfe für ihre weitere Entwicklung benutzen.

Fragen zur Identifizierung von Punkt Acht

1. Fällt es dir leicht, Zorn auszudrücken?
2. Brichst du Regeln, von denen du weißt, daß sie nicht für dich gelten?
3. Hat man dir gesagt, daß du übermäßig aggressiv bist?
4. Langweilst du dich leicht?
5. Verteidigst du das Recht der Schwachen?
6. Greifst du Autorität an, von der du weißt, daß sie irgendwie fragwürdig ist?
7. Fällt es dir leicht, die Schwächen anderer auszumachen?
8. Warst du je ein Raufbold?
9. Hast du das Bedürfnis, denen, die dir nahestehen, zu sagen, was mit ihnen nicht stimmt?
10. Würdest du dich als Nonkonformisten bezeichnen?
11. Fällt es dir schwer, Anweisungen so, wie sie gegeben wurden, zu befolgen, ohne sie zu modifizieren?
12. Bist du sicher, deine Aufgaben bewältigen zu können?
13. Fällt es dir schwer, verletzliche Gefühle zu zeigen?
14. Wie würde dein Partner die obigen Fragen beantworten?

[1] Chögyam Trungpa: *Das Buch vom meditativen Leben,* München, Scherz Verlag 1986

der Herrscher

Der Herrscher

Punkt Eins: Die perfektionistische Persönlichkeit
Der innerliche Zorn-Punkt

Höhere Oktave:	**Der Herrscher**
Heilige Idee:	Perfektion
Heiliger Weg:	Heitere Ruhe

Untere Oktave:	**Die perfektionistische Persönlichkeit**
Leidenschaft:	**Zorn**
Idealisierung:	Ich bin gerecht
Redestil:	Predigen
Falle:	Perfektion
Abwehrmechanismus:	Reaktionsbildung
Vermeidung:	Zorn
Dichotomie:	Starr/empfindsam
Beispiele:	Martin Luther King, Gandhi, Ayatollah Khomeini, Ida Rolf, Martin Luther, Jerry Falwell, Robespierre, Margaret Thatcher, Prince Charles, George Bernard Shaw, Walt Whitman, Mary Baker Eddy, Ralph Waldo Emerson, John Lennon, Clint Eastwood, Emily Post, Abraham Lincoln, Leo Tolstoi

Die innerliche Version der Neun ist die Eins – ein sehr interessanter Zorn-Punkt, da Zorn hier vermieden wird und gleichzeitig die Leidenschaft ist. Dies ist der einzige Punkt des Enneagramms, in dem Leidenschaft und Vermeidung identisch sind. In gewissem Sinne handelt es sich hier um Leute, die mit angezogener Bremse durchs Leben fahren.

Die Neun hat ihren persönlichen Standpunkt verloren, und die Acht hat zu allem einen persönlichen Standpunkt. Die Eins will den richtigen Standpunkt und gibt sich deshalb alle Mühe, das Rechte zu tun. Oft sieht man bei Einsern buschige Augenbrauen und schmale Lippen, die Zorn und moralische Überlegenheit ausdrücken wie auf dem berühmten Bild »American Gothic« von Grant Wood.

Achter sind die bösen Jungen und Mädchen, Einser sind die Braven. Obwohl es sich um einen Zorn-Punkt handelt, wirst du eine Eins selten so wütend erleben wie eine Acht. Sollte sie doch einmal vor Wut explodieren, so wird die Eins hinterher mit sich selbst ins Gericht gehen und die Angemessenheit ihres Handelns untersuchen.

Der Moralprediger ist hier zu Hause: Billy Graham und Jerry Falwell sind Einser. Amerika war zur Zeit der ersten Siedler eine Einser-Kultur. Die Puritaner repräsentieren den Stil der Eins; die puritanische Arbeitsmoral und die kalvinistische Einstellung sind Beispiele für den Standpunkt der Eins.

Die Eins scheint bei allem, was sie tut, perfekt zu sein. Eine Freundin von mir, eine Eins, lebte in Oregon in einer Holzhütte. Sie war die perfekte Mutter und Hausfrau, obwohl sie in einem Haus ohne Elektrizität und ohne fließendes Wasser lebte. Um es warm zu haben, mußten sie Brennholz hacken. Sie hatten kein Geld. Aber wenn man zu Besuch kam, war immer alles perfekt aufgeräumt. Im Ofen war frisches Brot, der Boden war gewischt, und alles war blitzblank. Man konnte vom Fußboden essen. Es war perfekt. Die perfektionistische Persönlichkeit kommt bei allem zum Ausdruck, was die Eins tut.

Zorn manifestiert sich zuerst als körperliches Gefühl. Eine Persönlichkeit, deren innere Struktur auf dem Gefühl von Zorn aufgebaut ist, muß dieses Gefühl irgendwie einordnen. Für die Eins ist es nicht in Ordnung, wütend zu werden, weil das einen Verlust von Kontrolle bedeuten würde. Außerdem zieht sie aus dem Gefühl von Zorn den Schluß, sie sei rechthaberisch und daher nicht perfekt. Oft kann die Wut vor anderen nicht ausgedrückt werden, weil das unhöflich wäre.

Für alle zwanghaft-besessenen Menschen sind Zeit, Sauberkeit oder Geld wichtige Themen. Was immer in der Kindheit den Familienkonflikt ausmachte, wird später beim Erwachsenen als Problematik auftauchen.

Sauberkeit ist für die Eins eine wichtige Sache. In der Regel sind Einser extrem sauber; sie neigen mehr zum Schrubben als nur zum Fegen. In der Schweiz, einer Einser-Kultur, fiel mir auf, daß der Boden des Züricher Flughafens sauberer war als der Boden des Supermarktes bei uns in Kalifornien.

Die Eins wird wütend und gibt sich dann selbst die Schuld. Sie weiß mit dem Zorn nicht angemessen umzugehen. Wenn Menschen in der katholischen Tradition der Buße oder Selbstkasteiung sich selbst bestrafen, weil sie etwas Schlechtes getan haben, ist das ein Einser-Konzept.

Von Cartoon-Zeichnungen kennt man den kleinen Engel, der auf der einen Schulter sitzt, und den Teufel auf der anderen. Das trifft für Einser mehr zu als für alle anderen Menschen. Einige Einser sagen, sie könnten genau spüren, wo die Einflüsterungen gerade herkommen. Sie haben das Gefühl, von ihrem Gewissen beobachtet zu werden.

James Madison gibt uns ein Beispiel für die Einser-Perspektive: »Wenn die Menschen Engel wären, wäre keine Regierung nötig ... Die Bildung einer Regierung, in der Menschen über Menschen bestimmen, beinhaltet eine große Schwierigkeit: Erst muß man der Regierung beibringen, die Regierten zu kontrollieren, dann muß man ihr beibringen, sich selbst zu kontrollieren.«

Der Zorn kann in sarkastischen Bemerkungen zum Vorschein kommen. Er macht die Eins überkritisch und selbstkritisch.

Und er schafft passiv/aggressives Verhalten. Wenn der Zorn in die Zukunft projiziert wird, werden Sorgen daraus.
Einser machen sich um alles Sorgen. »Der Weltuntergang steht vor der Tür« – »Wir werden im Alter nicht genug Geld haben« – »Was ist das für ein Schmerz in meiner linken Seite?«
Einser haben oft eine sehr gute Körperhaltung, schmale Lippen und buschige Augenbrauen. Oft scheinen sie auf die anderen herunterzuschauen. George Bernard Shaw hat ein klassisches Einser-Gesicht: Schmallippig sieht er dich unter buschigen Augenbrauen strafend an. Er war ein Frauenrechtler, lange bevor es eine Bewegung der Frauenrechtler gab. Seine Komödie *Pygmalion,* aus der dann das Musical *My Fair Lady* wurde, handelt von einem Gossenmädchen, das gesellschaftsfähig gemacht wird. Die Geschichte repräsentiert die sarkastische Ansicht einer Eins von den gesellschaftlichen Formen und auch die Dichotomie der Eins, in der die Frau entweder als Hure oder als Madonna gesehen wird. Neben wirklichem Respekt hegen männliche Einser Frauen gegenüber oft große Feindseligkeit. In dieser Jekyll/Hyde-Persönlichkeit liegt allem eine Dichotomie zugrunde.
Die Eins besitzt eine starke Libido, die von dem gestrengen Über-Ich etwas abgeschirmt ist – einen geheimen Garten der Sexualität. Ein Einser kann im Schlafzimmer ein Tier sein und den Austausch von Zärtlichkeiten in der Öffentlichkeit verabscheuen.
Der polnische Film *Bittere Ernte* porträtiert einen Einser. Er spielt zur Zeit des Zweiten Weltkrieges und handelt von einem Priester, der sein Priesteramt aufgegeben hat und Bauer geworden ist. Während der Besetzung durch die Nazis versteckt er eine jüdische Frau im Keller seines Bauernhauses. Er tut es, weil es moralisch korrekt und richtig ist. Aber während er diese Frau in seinem Keller hat, entsteht auch eine sexuelle Anziehung. Einerseits will er moralisch und aufrecht sein und sie beschützen, andererseits begehrt er sie. Er betrinkt sich, geht hinunter in den Keller, um sie zu vergewaltigen, und am nächsten

Morgen hat er alles vergessen. Kathleen Speeth sagte einmal, daß das Über-Ich der Eins in Alkohol löslich sei.
Kreativität und Sexualität sind mit Zorn verbunden. Wenn Einser akzeptieren, daß es in Ordnung ist, wütend zu werden und Zorn auszudrücken, dann kommen Kreativität und Sexualität auch zum Vorschein. Solange der Zorn unterdrückt wird, gibt es Probleme mit sexueller Energie und Kreativität. Oft stehen auch Krankheiten mit dem unterdrückten Zorn in Zusammenhang.
Einser fühlen sich wohl als kleine Geschäftsleute, als Ärzte und Freiberufler. Ein kleines Geschäft, in dem jemand hart arbeitet und es zu etwas bringt – das ist der Stil der Eins. Es fällt Einsern sehr schwer, in einer Bürokratie zu arbeiten, weil sie das Gefühl haben, sich nicht anpassen zu können, und weil sie starke moralische Grundsätze haben; sie sind bereit, für das, was sie für richtig halten, zu kämpfen.
Einser entwickeln für gewöhnlich eine sehr angespannte Muskulatur. Eine Frau, die mit einem Einser verheiratet ist, erzählte uns: »Mein Mann hat zwei Jahre gebraucht, bis er einen halben Lotussitz zustande brachte, obwohl er jeden Tag daran arbeitete.« Typisch ist dabei nicht nur die Angespanntheit, sondern auch, daß er jeden Tag daran arbeitete.
Einser erscheinen steif, anständig und fast prüde. Die meisten Menschen merken nicht, daß es da eine verborgene Innenwelt gibt. Amsterdam ist eine Einser-Stadt. Schweden, die Niederlande und die Schweiz sind Einser-Länder. Die Kantone der Schweiz, der Respekt für den kleinen Bauern und für die Demokratie, das alles sind Beispiele für die Kultur der Eins. Alle Einser-Kulturen haben ein sauberes, förmliches, prüdes Äußeres und gleichzeitig findet man Vergnügungsviertel aller Art und einen idealisierten Respekt für freies Denken. Amsterdam toleriert auch Marijuana und den Lebensstil der Gegenkultur.
Einser können Moralprediger sein und soziale Reformer wie Gandhi und Martin Luther King.

Leidenschaft/Vermeidung

Kein anderer Punkt hat so viele Dichotomien wie die Eins. Sowohl ihre Leidenschaft als auch ihre Vermeidung ist *Zorn*. Perfektion ist die Falle und gleichzeitig die heilige Idee. Die Eins ist die polarisierteste der Persönlichkeiten.
Einser haben eine idealisierte Vorstellung davon, wie die Dinge perfekt sein könnten. Sie bemerken Unvollkommenheit und werden ärgerlich. Dieser Groll kann in beißendem, sarkastischem Humor zum Ausdruck kommen. Einser sind immer ein bißchen zornig. Der Zorn äußert sich in übermäßiger Kritik und oft in Muskelverspannungen. Einser sind sehr selbstkritisch, und sie neigen dazu, sich selbst zu bestrafen.
Während die Neun bei dem Gefühl von Zorn unbewußt wird und die Acht den Zorn auslebt, fühlt die Eins Zorn und versucht gleichzeitig, ihn zu vermeiden. Aufgrund dieser Dualität wird der Zorn vom Über-Ich weiterverarbeitet, wo entschieden wird, ob es korrekt ist, wütend zu sein oder nicht. Das Über-Ich ist der Richter. Der Richter fällt das Urteil über die Angemessenheit von Zorn und über alle anderen Verhaltensweisen, Gedanken und Gefühle.
Wenn Zorn im Körper aufsteigt und die Eins zu dem Schluß kommt, daß es nicht richtig ist, jetzt wütend zu sein, drückt sie den Zorn nicht aus, sondern hält ihn fest und wird mißmutig. Der Zorn sickert durch, wenn die Eins Unvollkommenheiten entdeckt und ärgerlich wird.
Die Eins besitzt eine besondere Gabe zu merken, wenn etwas nicht stimmt. Wir kennen einen Einser, der als Kaufhausdetektiv arbeitete. Er konnte an der Art, wie jemand ging, erkennen, ob derjenige etwas unter dem Hemd versteckt hatte.

Kindheit

Hier ist das Zuhause der perfektionistischen Persönlichkeit. Einser wurden als Kinder korrekt und konsequent bestraft.

Wenn sie etwas anstellten, wurden sie bestraft, und wenn sie etwas gut machten, wurden sie belohnt. Wenn Eltern inkonsequent bestrafen, produzieren sie eine Acht; wenn sie konsequent strafen, produzieren sie eine Eins. Einser glauben, daß man für richtiges Handeln belohnt und für falsches bestraft wird.

Der Zorn wird hier im Analbereich festgehalten. Einser waren als Kinder die Verlierer, als sie dazu gezwungen wurden, sich ans Töpfchen zu gewöhnen. Sehr oft befindet sich im Zentrum der Fixierung die unbewußte und nicht ausgedrückte Wut darüber. In meiner therapeutischen Arbeit mit Einsern habe ich jedesmal festgestellt, daß sie die Muskulatur im Analbereich entspannen müssen. Dort fängt die körperliche Verspannung an. Außerdem kann sie im Kieferbereich auftreten (wie bei Clint Eastwood) und in der gesamten Muskulatur.

Oft gab es in der Kindheit einen dominierenden Elternteil, während der andere im Hintergrund stand.

Idealisierung

Idealisiert wird: *»Ich bin gerecht.«* Aus der idealisierten Sicht von Perfektion ergeben sich strenge innere moralische Grundsätze.

Die klassische historische Einser-Epoche war das viktorianische England, als man Röcke machte, um Stuhlbeine zu verhüllen, und gleichzeitig die beste Pornografie in der englischen Literatur schrieb. Oft sind Zensoren Einser, die den ganzen Tag lang schmutzige Filme anschauen, um zu entscheiden, was angemessen und anständig genug für die Allgemeinheit ist.

Der berühmte Hypnosetherapeut Milton Erickson zog aus der Haartracht seiner Klienten Rückschlüsse auf ihre sexuelle Selbsteinschätzung. Für Erickson war die Haarpflege symbolischer Ausdruck dafür, wie die Patienten ihre Geschlechtsorgane beurteilten. Einser haben fast immer eine ordentliche Frisur. Viele Friseure sind Einser. Sehr oft haben Einser einen helmartigen Haarschnitt. Man hat das Gefühl, sie könnten auf dem Trittbrett eines Lieferwagens mitfahren, ohne daß sich ein Haar bewegen würde. Englands Premierministerin Margaret Thatcher ist ein gutes Beispiel. Ihre Frisur sieht aus, als würde sie zerbrechen, sollte ihre Trägerin einmal hinfallen.

Redestil

Der Redestil heißt *predigen*. Es kann sich um eine Predigt von der Kanzel handeln, um ein Flugblatt, in dem die Regierung kritisiert wird, oder um eine Vorlesung darüber, wie du als Ehepartner oder Kind perfekter sein könntest. Der predigende Tonfall kann etwas herablassend wirken und entsteht aus dem Gefühl moralischer oder sonstiger Überlegenheit.

Falle

Bei allen zwanghaft-besessenen Menschen beginnt Zorn als körperliches Gefühl, aus dem sich dann ein Standpunkt gegenüber der Welt kristallisiert. Diese Perspektive manifestiert sich bei der Eins als der Wunsch, das Ungebändigte, die Natur zu beherrschen. Die Eins findet eine gut geführte Farm schöner als einen Wald. Die Falle der *Perfektion* steht der heiligen Idee der Perfektion gegenüber. Perfektion wird zur Falle, wenn damit der Versuch begründet wird, die Welt zu kontrollieren. Die Falle der Perfektion kommt in dem Wunsch zum Ausdruck, die Natur zu bändigen, um sie perfekt zu machen. Das Bedürfnis, perfekt zu sein, ist die Falle, die die Eins zornig macht. Die Eins kommt zu dem Schluß, daß sie nicht perfekt ist, projiziert dann dieses Gefühl auf die Welt und ärgert sich über die Unvollkommenheiten, die sie in der Welt wahrnimmt.

Abwehrmechanismus

Jeder der Punkte hat einen bestimmten Abwehrmechanismus, von dem er im Übermaß Gebrauch macht. Die Neun zum Beispiel betäubt sich mit irgend etwas - mit Konversation, Drogen, Essen, Ideen etc. Der Abwehrmechanismus der Eins ist *Reaktionsbildung.* Reaktionsbildung bedeutet, daß Impulse, die aus dem Unterbewußtsein kommen, verändert werden, bevor sie das Bewußtsein erreichen.

Eine vielleicht übertriebene Vereinfachung dieses Prozesses ist das Beispiel von dem kleinen Jungen, der vom Pfarrer beim Masturbieren erwischt wird. Der Pfarrer sagt: »Immer wenn du masturbieren willst, bete statt dessen.« Schon bald will der kleine Junge nicht mehr masturbieren, er will nur beten. Wenn das Bedürfnis zu masturbieren auftaucht, wird es verlagert und erscheint als Beten in seinem Bewußtsein.

Einser leben oft in Häusern mit übertrieben ordentlich angelegten Gärten. Nichts wuchert, alles ist sauber getrimmt und möglicherweise geometrisch aufgeteilt.

Ein anderes Beispiel von Reaktionsbildung kann auftreten, wenn die Eins völlig überarbeitet ist. Statt das Bedürfnis nach Ruhe und Urlaub zu spüren, empfindet sie das Bedürfnis, noch mehr zu tun. Die Eins neigt dazu, sich zu überarbeiten; außerdem liebt sie es, ihr Leben zu planen und Programme aufzustellen.

Ein Einser erzählte in einem Workshop, in seinem Leben hätte es eine Periode gegeben, in der er viel Freizeit gehabt hätte, damals sei er »Arbeit aus dem Weg gegangen und habe es vermieden, sich mit Karriere und Beruf zu befassen«. Als wir ihn genauer befragten, stellte sich heraus, daß er während dieser Zeit zur Schule ging und nebenbei noch ein paar kleinere Jobs hatte.

Eine andere Eins sagte: »Urlaub ist für mich eine große Anstrengung. Ich meine, es ist wirklich hart, einfach dazusein und nichts zu tun. Ich kann es nicht ausstehen.«

»Nichtstun« gibt es meiner Erfahrung nach bei Einsern nicht.

Sie nehmen Unterricht im Drachenfliegen oder stehen um sechs Uhr auf, um Tennis zu spielen. Wenn sie auf eine kleine Insel fahren, müssen sie alles auf der Insel in zwei Tagen gesehen haben. Sie hassen es, Zeit zu verschwenden; das ist eine ihrer Haupteigenschaften. Zeit ist zwanghaft mit Fragen der Autorität und Kontrolle gekoppelt.
Eine weibliche Eins beklagte sich, daß ihr Mann sie zu einem sechswöchigen Urlaub nach Thailand mitnahm, wo sie tagelang am Strand lagen: »Es war schrecklich.«
Für jeden Punkt des Enneagramms gibt es Ratschläge, die man ohne Einschränkungen erteilen kann. Einer Eins kann man raten, sich zu entspannen und Urlaub zu nehmen, selbst wenn sie ihn nicht verdient hat.

Dichotomie

Die Dichotomie der Eins heißt *starr/empfindsam.* Wie bei allen Fixierungen sind auch hier immer beide Pole vorhanden. Die Einser-Dichotomie ist eine Version der Achter-Dichotomie Puritaner/Hedonist. Die Art, wie sich die Dichotomie jeweils im Charakter der Eins ausdrückt, zeigt sich in der Haltung, die die Eins der Welt gegenüber einnimmt. Einige Einser erscheinen weicher, emotional empfindsamer und vielleicht näher an ihrem Streß-Punkt, der melancholischen Vier. (Im Kapitel über die Bewegungen wird das erläutert.) Andere sind in ihrem Auftreten militärischer, sowohl emotional als auch von der Körperhaltung her.

Untertypen

Da Eins und Acht Versionen der Neun sind, zeigen sich in den Untertypen sowohl die Ähnlichkeiten als auch die Variationsmöglichkeiten. Die Selbsterhaltung der Neun heißt Appetit, die der Acht befriedigendes Überleben und die der Eins Sich-

Sorgen-machen. Alle drei Varianten zeigen eine ähnliche Einstellung in bezug auf das Überleben in der Welt.

Selbsterhaltung: Sich Sorgen machen

Die *Sorgen* der Selbsterhaltungs-Eins sind in die Zukunft projizierter Zorn. Sie macht sich prophylaktisch Sorgen. Die Selbsterhaltungs-Eins scheint zu glauben, man könne Probleme abwenden, indem man vorher darüber nachgrübelt, was möglicherweise alles schiefgehen könnte.
Es handelt sich hier um eine Variation des magischen Denkens der Sieben, die mit der Eins in Beziehung steht. Bei der Sieben besteht das magische Denken in: »Man muß die Dinge nur leichtnehmen.« Die Eins denkt: »Wenn ich mich um alle möglichen negativen Konsequenzen sorge, dann kann ich mit ihnen fertig werden, bevor sie wirklich eintreten.«
Eine Selbsterhaltungs-Eins erzählte in einem Workshop, ein Wahrsager habe ihr gesagt, sie würde über 90 Jahre alt werden. Das machte sie rasend, denn plötzlich mußte sie sich in ganz anderer Weise um ihre Zukunft kümmern. »Wovon werde ich leben, wenn ich über 90 bin?« Sie begann, sich Sorgen zu machen, und änderte ihr ganzes Leben. Sie wechselte die Erwerbsquelle und begann zu sparen. Als wir sie das letzte Mal sahen, hatte sie alle Veränderungen durchgeführt, machte sich aber immer noch prophylaktisch Sorgen um die Zukunft.
Ein Selbsterhaltungs-Einser, mit dem ich gut befreundet war, lebte als sehr erfolgreicher Arzt in San Francisco. Er war Mitte Vierzig und hatte eine fünfjährige Tochter. Er machte sich Sorgen um ihre Zukunft. Um sicherzustellen, daß für ihre Zukunft gesorgt ist, zog er von San Francisco nach Tennessee um. Er haßt Tennessee und fühlt sich unausgefüllt, aber er kann dort mehr Geld verdienen und billiger leben. Er hat einen Zehnjahresplan aufgestellt. Nach zehn oder fünfzehn Jahren wird er genug Geld verdient haben, um nach San Francisco zurückzukehren, wo er eigentlich leben will.

Sozial: Nicht-Anpassung

Die soziale Eins heißt *Nicht-Anpassung*. Nonkonformistische soziale Reformer sind hier zu Hause. Martin Luther King ist ein gutes Beispiel. Diese Leute sind bereit, für ihre moralischen Grundsätze einzutreten. Unter den sozialen Einsern findet man auch die Menschen, die sich weigern, sich in bürokratische oder gesellschaftliche Normen einzufügen. Wenn die soziale Eins glaubt, moralisch im Recht zu sein, kämpft sie bis zum letzten.

Sexuell: Eifersucht

Wenn Zorn in den sexuellen Bereich einsickert, kommt er als *Eifersucht* zum Ausdruck. Eifersucht ist hier das Gefühl, daß jemand kommen könnte, um »unsere perfekte Verbindung« zu verletzen. In sexuellen Beziehungen besteht sowohl das Gefühl der Perfektion als auch die Eifersucht auf mögliche Eindringlinge. Du kannst dich auf einer Cocktailparty mit einem sexuellen Einser unterhalten, der außergewöhnlich intelligent, reif und erleuchtet ist. Wenn er dann plötzlich merkt, daß seine Frau am anderen Ende des Raumes mit jemandem spricht, kannst du seine automatische Reaktion an seinen Augen und an seinem veränderten Tonfall erkennen. Eifersucht und die Sorge, daß jemand die Verbindung zerstören könnte, entstehen bei der sexuellen Eins oft als automatische Reaktion. Eifersucht ist Zorn, der durch den sexuellen Instinkt ausgedrückt wird.

Beispiele

Die Gründer der Vereinigten Staaten sind ein gutes Beispiel für diese Fixierung. Moralische Redlichkeit und Reinheit sind hier ebenso vertreten wie Religions- und Gedankenfreiheit.

Man kann so ziemlich denken, was man will. Man kann glauben, was man will. Aber man muß sich anständig benehmen. Utopisches Denken gehört hierher. Einser haben eine sentimentale Ader, die sich oft in Utopien äußert. Im neunzehnten Jahrhundert wurden im Osten der Vereinigten Staaten viele religiöse oder andere Gemeinschaften gegründet; ihre charismatischen Führer waren fast immer Einser.

Ralph Waldo Emerson ist ein gutes Beispiel. Einser schreiben jede Menge Flugblätter. Emerson schrieb viele aufrührerische Texte, aber er ging nicht los und legte irgendwo Feuer, was mehr dem Stil der Acht entspricht. Einser sind freie Denker, vollkommen unbeeindruckt von populären Meinungen und immer mit einer utopischen Phantasie im Hinterkopf. Im allgemeinen glauben sie, daß es uns bestens gehen würde, wenn sich nur jeder selbst aus dem Schlamassel zöge. Mary Baker Eddy ist ein perfektes Beispiel für die Eins.

Ida Rolf hat das Rolfing aus perfektionistischer Sicht entwickelt. Sie konnte jemanden beobachten, der die Straße entlangging, und dir sagen, welcher Muskel Probleme machte und welche Macken derjenige hatte. Sie sah in erster Linie immer, was nicht in Ordnung war, und nicht so sehr das Potential zur Verbesserung.

Ein ehemaliger Schüler von ihr erzählte: »Ich habe nie gehört, daß sie einem Schüler gesagt hätte, er mache etwas richtig. Während des Trainings mit ihr pflegte sie uns morgens in Unterwäsche in einer Reihe aufzustellen; der mit dem besten Becken stand an einem Ende, der mit dem schlechtesten am anderen. Sie sah sich die Reihe an und sagte: ›Du da, geh zwei Plätze zurück.‹ Nicht ein einziges Mal hörte ich sie sagen: ›Ja, das war gute Arbeit!‹« Sie wurde vom Perfektionismus getrieben.

Einser haben oft Muskelverspannungen, Kopfschmerzen, orthopädische Probleme, Gelenkschmerzen und Arthritis.

John Lennon hatte den besorgten Ausdruck, die buschigen Brauen und die schmalen Lippen der Eins. In seiner Musik predigte und bekehrte er viel. Er war ein Frauenrechtler. In der

letzten Zeit seines Lebens hielt er Predigten über sein Hausmann-Dasein. Er demonstrierte seine Anti-Kriegshaltung, indem er sich fürs Fernsehen mit Yoko Ono im Bett filmen ließ, das ist ein klassisches Einser-Statement.
Hugh Hefner, der Herausgeber der Zeitschrift *Playboy,* ist eine Eins. Die ganze Philosophie seiner Zeitschrift und das Image von nackten »perfekten« Frauen repräsentieren die Perspektive der Eins. Man kennt Hugh Hefner mit Pfeife, im Pyjama, in Hausschuhen dahinschlurfend. Die Playmates hingegen sind idealisierte, saubere, gut geschrubbte Mädchen. Der *Playboy* war ein Pionier in sozialer Nicht-Anpassung, indem er sehr für Presse-, Religions- und Gedankenfreiheit eintrat. Hefner predigt die Playboy-Philosophie. Er befaßt sich ständig mit sozialen Fragen. Hefner ist ein Geschäftsmann aus dem Mittleren Westen Amerikas mit schmalen Lippen, buschigen Brauen, einem ernsten Anliegen und sehr angespanntem Kiefer.
Clint Eastwood ist ebenfalls eine Eins. Er spielt meistens Achter in seinen Filmen, doch seine Darstellung basiert nie auf Wut, sondern auf moralischer Überlegenheit.
Ayatollah Khomeini regierte den Iran aus einer puritanischen, fundamentalistisch-moralischen Haltung heraus. Er war ein Moralprediger und ein fundamentalistischer Baptist.
Prinz Charles demonstriert Nicht-Anpassung, wenn er Akupunktur und alternative Medizin in England unterstützt. Er ist zugleich ein engagierter, solider, moralischer Mann.
Harry Truman, der als Kurzwarenhändler anfing, ist ein gutes Beispiel für den kleinen Geschäftsmann, der es zu etwas gebracht hat.
Ed Koch, der Bürgermeister von New York, ist ein weiteres Beispiel. Er liebt es, die Leute zu verspotten. Er paßt sich nicht an. Er ist sein eigener Herr. Einmal hielt er eine Ansprache in New Hampshire, wo man stolz darauf ist, keine Verkaufssteuer zu haben. Kochs Rede drehte sich um Steuererhöhungen. Dann lachte er und sagte: »Wie findet ihr es, daß ich hier höhere Steuern verlange, wo ihr doch generell nichts von

Steuern haltet?« Er wiederholte das dreimal hintereinander und machte sich über die Menge lustig. Zur Eins gehört Sarkasmus und beißender Humor.
Miss Manners und Emily Post sind beide Einser. Die Eins legt Wert auf Etikette, auf das Einhalten sozialer Regeln und auf anständiges Benehmen.
Robespierre war ebenfalls eine Eins. Der Film *Danton* zeigt den Konflikt zwischen Robespierre, einem Einser, und Danton, einem Achter. Man kann sehen, wie Robespierres moralische Gradlinigkeit zur Schreckensherrschaft führt.

Die höhere Oktave

In der höheren Oktave ist hier der Platz des *Herrschers*. Der Herrscher erkennt Perfektion in jedem Augenblick. Da er die Perfektion erkennt, ist er ruhig und heiter. Aus dieser Gelassenheit heraus kann der Herrscher den Fluß der Energie so dirigieren, daß noch größere Harmonien der Perfektion entstehen.
Die heilige Idee der *Perfektion* und der Weg der *heiteren Ruhe* bilden zusammen ein Gegenmittel zur Leidenschaft des Zornes. Wie gesagt, ist die Eins voller Dichotomien. Perfektion ist sowohl die Falle als auch die heilige Idee, Zorn ist die Leidenschaft und wird gleichzeitig vermieden. Die Falle der Perfektion wird zur Rechtfertigung für Verstimmung und Ärger über die in der Welt wahrgenommenen Unvollkommenheiten. In der heiligen Idee erkennt die Eins Perfektion in der Welt, so wie sie ist, und das läßt heitere Ruhe entstehen. So kann der Herrscher mit Gelassenheit vorgehen.
Die Falle der Perfektion erzeugt in ihrer niederen Form neurotisch-zwanghaft nervöse Energie und den Drang, die Kontrolle zu behalten. Die Eins nimmt Unvollkommenheit wahr und hält an einer idealisierten Vorstellung fest, die beschreibt, wie die Dinge sein könnten, anstatt die vorhandene Perfektion des Augenblicks zu erkennen. Einser haben eine idealisierte

Vision der Zukunft, was mit der Verbindung zur Sieben zusammenhängt, und diese Vision ist ein notwendiger Teil der ganzheitlichen Perfektion.
Für die entwickelte Eins besteht die Aufgabe darin, das Konzept der Zeit zu transformieren. Dann wird die Zeit, anstatt begrenzt und ein kontrollierendes Element zu sein, zum Verbündeten, und die perfekte Vision kann sich in Harmonie mit dem Ganzen entfalten.

Fragen zur Identifizierung von Punkt Eins

1. Hältst du deinen Zorn zurück, weil es nicht richtig wäre, in diesem Augenblick wütend zu werden?
2. Bist du ein Perfektionist?
3. Hast du einen sarkastischen, beißenden Humor?
4. Verstimmt es dich, wenn nicht alles perfekt ist?
5. Fühlst du dich oft unter Druck gesetzt, weil nicht genug Zeit da ist, um alles zu tun, was getan werden muß?
6. Bist du ein besessener Arbeiter, arbeitest du länger und härter als die anderen?
7. Betrachtest du die Dinge als klar in richtig und falsch, schwarz und weiß eingeteilt?
8. Ist es dir wichtig, anderen deine moralische Lebenseinstellung mitzuteilen?
9. Machst du dir oft Vorwürfe, daß du nicht perfekter bist?
10. Scheinst du dir mehr Sorgen zu machen als andere Menschen?
11. Hast du das Gefühl, eine puritanische Ader zu haben?
12. Glaubst du, daß jeder durch harte Arbeit weiterkommt?
13. Bist du der Meinung, daß es unfein ist, in der Öffentlichkeit Zärtlichkeiten auszutauschen?

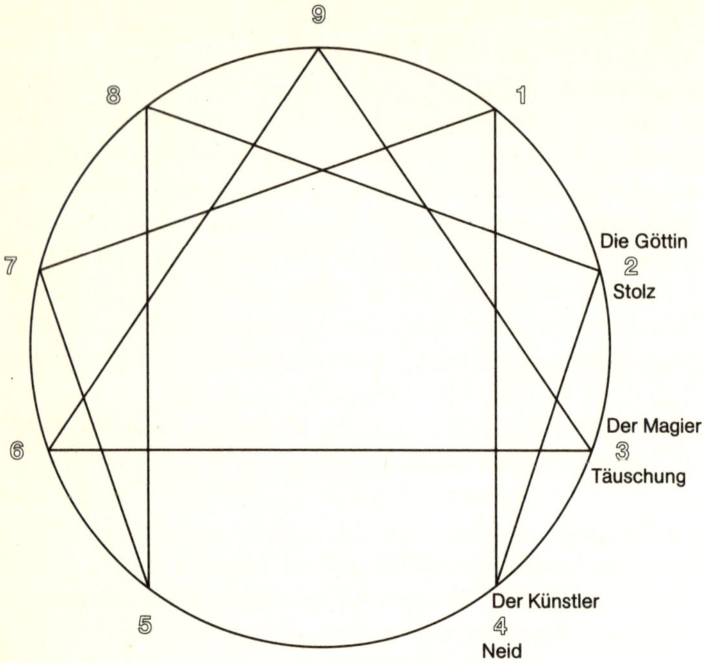

Abbildung 4: Die Hysterischen – Die Image-Punkte

2. Die Hysterischen - Die Image-Punkte

Bei den hysterischen Menschen hat sich die Fixierung im emotionalen Körper kristallisiert. Die Fixierung bezieht ihren Treibstoff aus Gefühlen. Das Wort Hysterie stammt von dem griechischen Wort für Uterus ab. Übertriebene Gefühlsbetontheit und unausgewogene Emotionen wurden der Frau zugeschrieben. Die Punkte Zwei und Vier werden im westlichen Kulturkreis als weiblich empfunden, aber es gibt auch männliche Vertreter aller Fixierungen. Das zentrale Thema dieser Menschen liegt im Gefühl, nicht um ihrer selbst willen geliebt werden zu können.

Die verschiedenen Strategien der Hysteriker haben alle zum Ziel, Wege zu finden, geliebt zu werden. Die Drei möchte für das, was sie produziert, geliebt werden; die Zwei fordert Liebe, weil sie sich so hilfreich um dich kümmert, und die Vier verlangt Liebe, weil sie zur Elite gehört.

Man nennt diese Gruppe auch »die Gruppe der Beziehungen«. Der Stil der Hysteriker ist es, auf den anderen Menschen zuzugehen. Ihr Leben dreht sich um Beziehungen und um die Frage: »Mit wem bin ich zusammen?«

Um ihr Überleben zu sichern, arbeitet die hysterische Persönlichkeit im allgemeinen eher an einer anderen Person als an den Umständen, wobei die andere Person - oft eine zwanghaft-besessene - dann an den Umständen arbeitet. Die Image-Punkte sind in der Regel die abhängigsten von allen Charaktertypen. Diese Menschen haben ihr eigentliches Wesen aufgegeben, um dem Bild zu entsprechen, das die Gesellschaft zu verlangen scheint. Oft sind sie die schönsten Menschen im Enneagramm, sie haben sich selbst in dem Image erschaffen, von dem sie gelernt haben, daß wir es lieben werden.

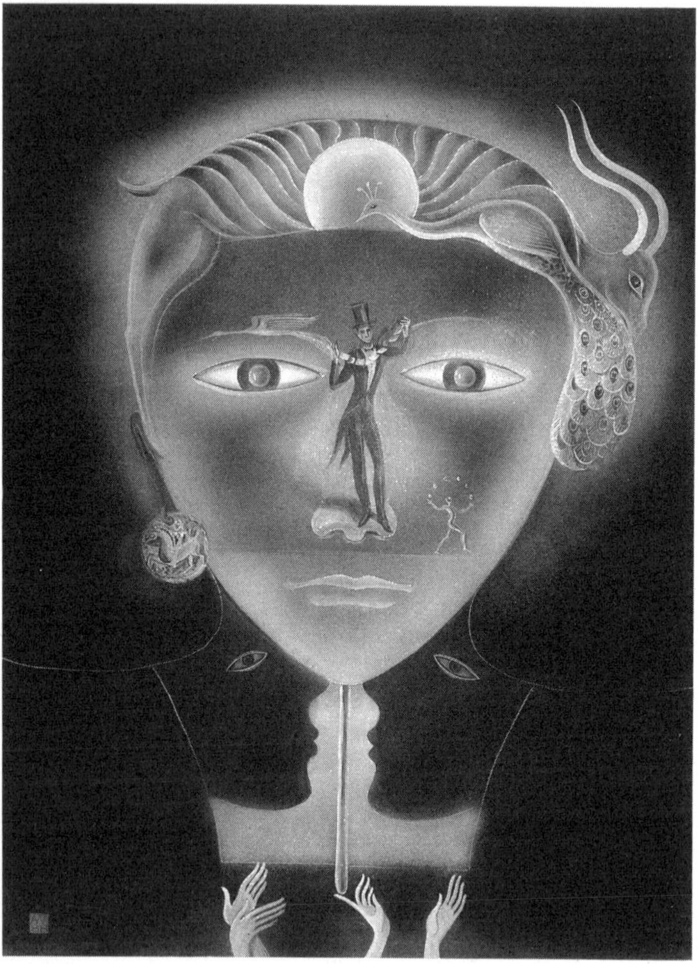

der Magier

Der Magier

Punkt Drei: Die effiziente Persönlichkeit
Der zentrale Image-Punkt

Höhere Oktave:	**Der Magier**
Heilige Idee:	Das Gesetz
Heiliger Weg:	Wahrhaftigkeit

Untere Oktave:	**Die effiziente Persönlichkeit**
Leidenschaft:	**Täuschung**
Idealisierung:	Ich bin erfolgreich
Redestil:	Propaganda
Falle:	Effizienz
Abwehrmechanismus:	Identifikation
Vermeidung:	Versagen
Dichotomie:	Überaktiv/phantasievoll
Beispiele:	John F. Kennedy, Jimmy Carter, Paul Newman, Mick Jagger, Werner Erhard, Deng Xiaoping, Doris Day, Faye Dunaway, Julie Andrews, Shirley Temple, Shirley MacLaine, Johnny Carson, Dick Clark

Die Drei ist der zentrale Hysterie- oder Image-Punkt. Diese Menschen haben die Verbindung mit ihrem eigentlichen Wesen verloren, weil sie sich von den Bildern der Welt verführen lassen. Bei den Zorn-Punkten sickert die Energie in den physischen Körper, bei den Angst-Punkten sickert sie in den mentalen Körper, und bei den Image-Punkten in den emotionalen Körper. Die Drei benutzt Emotionen und vitale Energie, um Produktion mit Libido zu besetzen.

So wie bei dem zentralen Zorn-Punkt die Abwesenheit von Zorn auffällt, fällt bei dem zentralen Hysterie-Punkt die Abwesenheit von Hysterie auf. In der Drei wird Selbstwertgefühl durch Produktivität gewonnen. Diese Menschen manifestieren kühle Kompetenz und maximale Effizienz bei der Arbeit. Dreier merkten als Kinder sehr früh, daß sie nicht um ihrer selbst willen geliebt werden konnten, sondern nur für das, was sie produzierten. Man findet in dieser Fixierung oft Wunderkinder, Klassensprecher und Streber.

Die Vereinigten Staaten sind eine Dreier-Kultur. Image, Produktivität und Erfolg sind die entscheidenden Werte und Motivationen, die in der amerikanischen Gesellschaft zum Zuge kommen. Der Kontakt mit tiefen Emotionen wird vermieden, und der emotionale Körper wird benutzt, um Produkte herzustellen.

Eine Drei erzählte uns von ihren Erfahrungen bei einem Wettbewerb als Schönheitskönigin an der Universität. Sie investierte sehr viel Energie und Arbeit in die Vorbereitungen. Als sie dann den Wettbewerb gewonnen hatte und königlich lächelnd und winkend vor den Zuschauern paradierte, fragten sie die Leute: »Wie fühlst du dich als Gewinnerin?« Sie sagte: »Ich fühle mich großartig!«

Als sie nun Jahre später die Wahrheit erzählte, sagte sie, sie hätte nur Leere empfunden. Es waren keine Gefühle mehr da. Alle Gefühle waren aufgebraucht worden, um ihren Sieg zu produzieren.

Dreier wirken irgendwie nahtlos. Es gibt keine Ecken und Kanten. Und alles befindet sich direkt an der Oberfläche.

Wenn du eine Drei kennenlernst, ist es unwahrscheinlich, daß du mit der Zeit auf größere Tiefen und Reichtümer stößt. Alles ist unmittelbar an der Oberfläche sichtbar.

Dreier produzieren. Joe Montana spielt als Quarterback bei einem Football-Team aus San Francisco. San Francisco verehrt ihn als mythischen Helden. Er hat dem Team zu zwei Meisterschaftssiegen verholfen und ist Millionär. Er sieht gut aus, hat eine perfekte Frau, auch eine Drei, und perfekte Kinder. Seine Team-Kollegen sagen, er besäße eine magische Ausstrahlung auf dem Football-Feld. Joe Montana hat finanziell für den Rest seines Lebens ausgesorgt. Er ist ein Held, der in Sportlerkreisen in San Francisco niemals vergessen sein wird. Zu Anfang der Spielsaison 1986 zog er sich eine sehr ernste Rückenverletzung zu. Er brachte eine schwere Rücken-Operation hinter sich, und das Team ließ offiziell verlauten, er könne wahrscheinlich nie wieder spielen und ganz sicher nicht in dieser Saison. Der Arzt, der ihn operierte, sagte: »Er sollte nie wieder Football spielen.«

Es dauerte keine neun Wochen, da spielte Joe Montana wieder, obwohl er eine permanente Lähmung riskierte. Nach dem Grund befragt, antwortete er, er fürchte, seinen Job zu verlieren.

Für die Drei besteht das Leben aus dem Drang nach Produktivität. Doch oft verbirgt sich hinter dem aufgedrehten Äußeren tiefe Erschöpfung aufgrund von Überarbeitung. Wenn Dreier in Therapie gehen, brechen sie oft vor Müdigkeit zusammen. Eine Drei hat es einmal so beschrieben: »Ich fühle mich wie ein Auto, in dem reichlich Benzin ist, aber kein Öl.« Was die Drei für den Drang nach Produktivität hält, ist in Wirklichkeit die Flucht vor Gefühlen. Dreier glauben nicht an die Möglichkeit, geliebt zu werden. Statt dessen lassen sie sich auf einen Handel ein. Statt zu sagen: »Liebe mich um meiner selbst willen«, sagen sie: »Liebe mich für das, was ich getan habe.«

Der innere Zustand der Drei ähnelt vermutlich dem einer weißen Maus, die im Käfig in einem Rad läuft. Dreier haben

das Gefühl, »die Welt zusammenhalten zu müssen«. Sie fürchten, die Welt würde zerfallen, sollten sie auch nur für einen Augenblick stillestehen.
Wenn du zu einer Cocktailparty gehst und dort jemanden triffst, der ein Stethoskop umhängen hat, dann sprichst du wahrscheinlich mit einer Drei. Dreier erzählen dir innerhalb der ersten fünf Gesprächsminuten von ihrer Arbeit. Auf die eine oder andere Art tut die Drei immer des Guten zuviel.
Der Arzt, der mit Stethoskop zur Cocktailparty geht, wird sein ganzes Leben so aufgebaut haben, daß es ein bestimmtes Image reflektiert. Höchstwahrscheinlich ist er Mitglied der richtigen Clubs, fährt einen Jaguar und hat zwei Komma drei Kinder.
EST ist eine Dreier-Organisation. Werner Erhard, der Gründer von EST, hatte eines Tages ein spirituelles Erleuchtungserlebnis, während er zu Arbeit fuhr. Andere Leute haben ein Erleuchtungserlebnis und fangen dann an zu meditieren oder gehen nach Indien, um einen Guru zu finden. Werner hatte so ein Erlebnis und produzierte ein Multi-Millionen-Dollar-Unternehmen. EST ist eine Organisation, deren Motto lautet: »Eine Welt, die für alle funktioniert.« EST eignet sich hervorragend für Dreier, weil du in zwei Wochenenden zur Erleuchtung kommen kannst und keine Arbeitszeit opfern mußt.

Leidenschaft

Die Leidenschaft, die den Treibstoff für die Dreier-Fixierung liefert, heißt *Täuschung*. Täuschung bedeutet nicht, daß Dreier notwendigerweise Lügner sind, obwohl sie auf diesem Gebiet sehr gut sein können. Die Täuschung liegt darin, der Öffentlichkeit eine Rolle vorzuspielen - zu wissen, daß die Rolle nicht real ist, sie aber trotzdem voll zu leben.
Die Drei erfühlt mit einem sechsten Sinn, wie sie auf ihr Publikum wirkt. Wenn sie negatives Feedback spürt, ist sie fähig,

mitten im Satz das Ruder herumzureißen und etwas anderes zu sagen.

Kindheit

Dreier haben in sehr jungen Jahren angefangen zu produzieren. Oft berichten sie, sie hätten sich bereits im Alter von sieben Jahren wie Erwachsene benommen. Gewöhnlich begannen sie zu arbeiten, bevor sie zehn Jahre alt waren, und haben nie wieder aufgehört. Sie haben sehr früh gelernt, die Erwartungen und Träume der Familie, oft die des Vaters, zu erfüllen.
Dreier wurden als Kinder für Produkte belohnt. Gewöhnlich hatten sie keine richtige Kindheit. Oft erzählen sie Dinge wie: »Papa hat die Familie verlassen, und ich wurde Mamas Ehemann« oder: »Ich habe meine Geschwister großgezogen« oder: »In meiner Familie wurde man nur beachtet, wenn man in der Schule Einser schrieb.«
Dreier sind meistens frühreife Kinder, die sich benehmen und aussehen wie Miniatur-Erwachsene. Die Drei hat die Verbindung zu ihren tiefen Gefühlen im Alter von drei oder vier Jahren verloren. Oft zeigt sich eine infantile Qualität, wenn Emotionen durch Alkohol, Drogen oder Sex freigesetzt werden.
Als Erwachsene sehen Dreier oft sehr jung für ihr Alter aus. Vor allem die sexuellen Untertypen haben sehr häufig Stupsnasen und faltenlose Gesichter. Die Gesichter sehen aus, als habe niemand in ihnen gelebt. John F. Kennedy, Robert Redford, Shirley MacLaine und Jimmy Carter haben klassische Dreier-Gesichter. Dick Clark, Debbie Reynolds, Doris Day und Shirley Temple haben oder hatten alle Gesichter, die fast wie Masken wirken.
Das Image, das die Drei produziert, hängt von dem Status und den sozialen Umständen der Familie ab.
Die Drei verkauft sich an die Vorstellungen der Welt. Sie produziert das, was die Welt erwartet.

Oft berichten Dreier von einer Phase in ihrer Kindheit, in der sie rebellierten. Eine Drei erzählte, sie sei mit einer scheinbaren Lernschwäche in die Schule gekommen, dann allerdings legte sie los und wurde zu einer lokalen Berühmtheit. Andere Dreier sagen, sie hätten sich Jugendbanden angeschlossen und Motorradjacken getragen. Gewöhnlich hält diese Phase nicht sehr lange an. Rückblickend geben Dreier zu, daß sie selbst während dieser Zeiten auch nur eine Rolle spielten, um von der Gruppe als vollwertiges Mitglied anerkannt zu werden.

Idealisierung

Ein Dreier, den seine Frau hinausgeworfen hatte, ging als erstes zu seinem Chef und sagte: »Ich brauche mehr Geld, weil wir jetzt zwei Haushalte haben.« Das ist typisch für das Verhalten der Drei. Eine zerbrochene Ehe wird benutzt, um mehr Geld zu bekommen. Alles wandelt sich in: »Ich bin erfolgreich.«

Wenn eine Drei über eine unvorteilhafte geschäftliche Entscheidung spricht, wird sie dich im ersten Satz wissen lassen, daß sie schon immer dagegen war. Sie wurde überstimmt und jetzt muß sie die Firma aus dem Schlamassel retten.

Redestil

Der Redestil der Drei ist der der *Propaganda*. Dreier erzählen dir ständig, wie großartig es ihnen geht. Oder sie verkaufen dir etwas.

Ein Dreier stellte sich in einem Workshop vor, bevor er das Enneagramm kannte: »Ich bin ein Glückspilz, und ich habe vor, einer zu bleiben.«

Ein anderer »New-Age«-Dreier schaffte es, als er sich bei einem Workshop vorstellte, bereits im ersten Satz alle wissen zu lassen, daß er ein erfolgreicher Verleger ist. Er erwähnte die

Titel sämtlicher Zeitschriften, die er herausgibt. Gleichzeitig sagte er, er wolle im Workshop lernen, effizienter zu arbeiten. Ein paar Stunden später beim Mittagessen hörte man ihn die ganze Zeitschriftentitel-Litanei wiederholen.
Wenn die Drei spricht, hört sich das oft sehr streberhaft und ungeduldig an. Dreier wollen schnell zum Kern der Sache kommen. Das sogenannte »Typ-A«-Verhalten gehört hierher. Man spürt in allem Propaganda und eine Leere im Gefühlsleben. Eines Tages kommt der Dreier von seinem perfekten Job nach Hause zu seiner perfekten Familie – Frau und Kinder sind weg, und der Dreier weiß nicht warum. »Es schien doch alles so gut zu laufen«, sagt er dann zu seinen Freunden. Er hat kein Gefühl dafür, daß etwas nicht stimmt, weil er keinen Kontakt zu den tieferen Emotionen hat. Emotionen dienen hier in erster Linie der Produktion.

Falle

Die Falle der *Effizienz* schafft mehrgleisiges Verhalten: Die Drei tut immer mehrere Dinge gleichzeitig. Ein Dreier fährt Auto, rasiert sich nebenbei mit dem elektrischen Rasierapparat, den er an den Zigarettenanzünder angeschlossen hat, hört Kassetten zum Erlernen einer Fremdsprache, unterhält sich per Autotelefon und diktiert gleichzeitig noch etwas.
Eine Drei erzählt, sie hätte immer einen Schreibblock mit in die Badewanne genommen. Später stieg sie auf ein Diktiergerät um.
Effizienz kann auch dazu führen, daß die Drei skrupellos ihren Weg nach oben macht. Im Namen der Effizienz kann sie auf gemeine Weise Leute ausschalten und über sie hinweggehen. Die Umkehrung ist auch eine Möglichkeit. Wenn das Schiff sinkt, ist es effizient, sich möglichst schnell davonzumachen.
Die Falle besteht darin, daß die Dinge so gut zu laufen scheinen, daß die Drei Angst hat, etwas in Frage zu stellen. Denn das könnte bedeuten, daß sie sich mit tiefen Emotionen aus-

einandersetzen müßte. Eine Drei, die in einem Workshop erheblich an ihren Emotionen gearbeitet hatte, beschrieb die neuen Gefühle als »diese Mischmaschbrühe«. Der Drei fällt es viel leichter, die richtigen gefühlsmäßigen Reaktionen der anderen zu erkennen, als in sich zu gehen und etwas Authentisches hervorzubringen. Vom Standpunkt der Effizienz her gesehen, ist es kaum der Mühe wert, echte Gefühle zu entdecken.

Abwehrmechanismus

Die Drei kann den Anschein erwecken, ein perfektes Heim und eine perfekte Familie zu haben; oft aber ist es schwierig für sie, tiefe verletzliche Zärtlichkeit aufrechtzuerhalten. Da der Abwehrmechanismus *Identifikation* ist, benimmt sich die Drei, als sei sie ausschließlich »der Arzt« oder »der Fußballstar«. Die Drei propagiert, was sie macht und wie gut sie es macht - als ob die Tätigkeit den Menschen ausmache. Dreier sind arbeitssüchtig. Sie identifizieren sich mit ihrem Beruf. Sie tun so, als seien sie die Rolle, die sie spielen, und darauf baut sich ihr ganzes Leben auf. Sie schreiben ihre Vergangenheit um, damit sie zu dem paßt, was sie gerade tun.

Vermeidung

Die Drei vermeidet *Versagen.* Als bei dem fehlgeschlagenen Versuch, die Geiseln aus der amerikanischen Botschaft in Teheran zu befreien, über der iranischen Wüste die Hubschrauber zusammenstießen, nannte Jimmy Carter das einen »begrenzten Erfolg«. Das Wort Versagen kommt im Vokabular der Drei nicht vor. Wenn etwas nach Mißerfolg aussieht, sagt sich die Drei davon los und fängt etwas anderes an. Für gewöhnlich hat die Drei jede Menge offener Optionen. Dreier neigen dazu, Dinge versuchsweise zu tun. Sie haben möglicherweise ständig 25 Versuchsprojekte gleichzeitig laufen, damit sie für den Fall, daß eines davon schiefgeht, schnell die Energie woanders hin verlagern können. Dreier kommen immer wieder schnell auf die Beine. Sie verstehen sich aufs Überleben, da sie sich auf das konzentrieren, was funktioniert. Es geht ihnen um Resultate.

Dichotomie

Die Dreier, die nicht *überaktiv* sind, träumen davon, es zu sein. Wenn die Drei nicht aktiv im Leben engagiert ist, malt sie sich *phantasievoll* ihren nächsten Zug aus. Sollte es dir gelingen, eine Drei dazu zu bringen, mit der Arbeit aufzuhören, wird sie, sobald sie aufgehört hat, damit anfangen sich vorzustellen, wie sie noch besser arbeiten könnte. Dreier sind hervorragend im Visualisieren.
Sie gehen selten in Therapie, da alles immer so prächtig läuft. Aber wenn sie eine Therapie machen, sind sie oberflächlich gesehen Klienten, die schnell Erfolg haben. Dreier interessieren sich nur für Kurzzeit-Therapien, die schnelle Resultate bringen. Aufgrund ihrer Fähigkeit, sich neue Möglichkeiten vorzustellen, und auf Grund ihres Dranges nach Effizienz sind sie wieder fit und aus der Tür, bevor sie zu sehr in das tiefe Loch der Emotionen fallen können.

Untertypen

Selbsterhaltung: Sicherheit

Die Selbsterhaltung tritt hier in der Form der *Sicherheit* auf. Das bedeutet, man hält sein Überleben für gesichert aufgrund der Dinge, die man besitzt. Diese Menschen besitzen Dinge, die allgemein geschätzt sind und von bekannten Firmen her-

gestellt werden. Die Objekte bekommen eine Macht, die über ihre Funktion hinausgeht. Derjenige, der auf die Idee kam, Kleidungsstücke sichtbar mit dem Namen des Herstellers zu versehen, war eindeutig ein Dreier-Verkaufsgenie. Louis-Vuitton-Handtaschen repräsentieren eine gewisse Klasse mit Dreier-Status. Dinge, denen jeder sofort den Hersteller ansieht, passen zum Stil der Selbsterhaltungs-Drei. Diese Menschen erleben das Gefühl tiefer Sicherheit, wenn sie wissen, daß sie das Beste haben.
Eine Selbsterhaltungs-Drei zeigte mir einmal ihr Haus. Es war mit wertvollen Dingen vollgestellt. Es entstand eine atemlose, fast sexuelle Spannung, als sie mich von Zimmer zu Zimmer führte und ich alles bewunderte. Sie nahm meine Hand, und die ihre war feucht vor Erregung. Die Erregung bezog sich ganz sicher nicht auf mich; sie entstand dadurch, daß wir gemeinsam ihre Sachen betrachteten. Als ich ging, gab sie mir einen kleinen, glänzenden Stein, einen echten Beweis ihrer Zuneigung. Ihr Ehemann, ein Neuner, saß während der ganzen Zeit biertrinkend auf der Couch und bekam nichts davon mit.

Sozial: Prestige

Die soziale Drei heißt *Prestige.* Soziale Dreier lieben es, sich irgendwo anzuschließen. In New-Age-Kreisen sind sie mit der Organisation von Netzwerken beschäftigt oder halten Workshops über Netzwerke. In traditionelleren Kreisen findet man viele soziale Dreier als Politiker wieder. Diese Menschen sind Mitglied der richtigen Clubs, und ihr Name erscheint in den Gesellschaftskolumnen der Zeitungen.
Wir kennen eine soziale Drei, die in der Presseabteilung eines Fernsehsenders arbeitet. Publicity und Medienarbeit sind bei Dreiern sehr beliebt. Eines Tages erhielt sie einen Anruf und wurde gefragt, ob sie mit einigen Berühmtheiten, die gerade in der Stadt waren, zu Mittag essen wolle. Obwohl sie gerade vom Mittagessen kam, sagte sie begierig zu. Sie erzählte uns, sie

habe kein einziges Wort von dem mitbekommen, was während des Essens gesprochen wurde, weil sie die ganze Zeit damit, beschäftigt war, im Geiste eine Liste der Leute aufzustellen, die sie anrufen würde, sobald das Essen vorbei wäre. Der Gedanke, ihren Freunden zu erzählen, mit wem sie zum Essen war, war viel aufregender für sie als das Essen selbst.

Sexuell: maskulin/feminin

Wenn die Täuschung durch den sexuellen Instinkt zum Ausdruck kommt, nennt sich das *maskulin/feminin*. Das heißt, man gibt sich so, daß man der gesellschaftlichen Idealvorstellung des perfekten Mannes oder der perfekten Frau entspricht. Der glatte, perfekte Playboy-Look gehört hierher. Er kann saft- und kraftlos wirken und manchmal eine harte, blanke Sprödigkeit haben. Oft hat man das Gefühl von Androgynität und Rollenspiel.

Eine sexuelle Drei erzählte uns, sie habe zu den begabtesten Studenten der Universität von Columbia gehört. Die Elite bestand aus zwölf Studenten, und sie war die einzige Frau. Es fiel ihr nie auf, daß sie eine Frau inmitten von elf Männern war. Sie sah sich einfach als Mitglied der Gruppe.

Hollywood ist das Zuhause der sexuellen Drei. Dadurch, daß sie das perfekte, glamouröse Image der männlichen oder weiblichen Stars produzieren, sind zahllose sexuelle Dreier zu Millionären geworden.

Werner Erhard und Terry Cole-Whittacker vertreten die sexuelle Drei in New-Age-Kreisen.

Wie sich diese Fixierung manifestiert, hängt vom sozialen Status und von den Erwartungen der Gesellschaft ab. Eine uns bekannte sexuelle Drei wuchs im Arbeiterviertel von Pittsburgh auf. Im Alter von sechs Jahren begann sie zu nähen. Sie nähte, versorgte ihre jüngeren Brüder, und als sie 10 Jahre alt war, arbeitete sie zusätzlich noch als Babysitter.

Die Nähmaschine wurde ihr Produktionssymbol. Vom Teenager-Alter bis zur Ehe nähte sie alle Kleider für sich und die Familie selber. Als sie verheiratet war, nähte sie auch noch die Kleidung für ihren Mann. Sie wurde zur perfekten Muster-Ehefrau - im Rahmen dessen, was ein Arbeitermädchen aus Pittsburgh darunter versteht. Sie sammelte Rabattmarken, kaufte überlegt ein und achtete auf jeden Pfennig.

Als sie nach Kalifornien umzog und sich einen neuen Ehemann zulegte, wurden neue Anforderungen an sie gestellt. Ihr Mann erwartete, daß sie berufstätig sei. Frauen sollten unabhängig sein. Außerdem sollte sie mit ihm per Autostopp und mit Rucksack herumreisen. Also wurde sie Rucksack-Tramper und suchte sich einen Beruf. Sie erlernte eine Art von Körpertherapie und bald leitete sie die Ausbildungen. Sie war die erste in ihrer Familie, die ein eigenes Unternehmen besaß. Sie produzierte das perfekte Image dessen, was ihr neuer Partner von ihr verlangte.

Mick Jagger ist ein sexueller Dreier, der perfekt das Image der Drogen-Subkultur repräsentiert. Als Vierziger sieht er nicht viel anders aus, als er mit zwanzig ausgesehen hat. Seit 25 Jahren produziert, schreibt und singt er jedes Jahr eine erfolgreiche Langspielplatte. Jagger hat Blues gesungen und die Lieder ein klein wenig verändert. Dreier leisten sich gerne einen Hauch von Originalität im Rahmen dessen, was bekannt und akzeptiert ist. Große Kunst und sensationelle Neuheiten stammen selten von Dreiern, sie tendieren mehr zu Pop. Gewöhnlich wirkt ihr Produkt etwas zu glatt und manchmal seelenlos, aber meistens ist es gut gemacht.

Mick Jaggers unaufhörliches, erfolgreiches Produzieren in Kombination mit seinem wilden Sex- und Drogenleben hätte die meisten von uns längst umgebracht. Aber er sieht immer noch aus wie früher.

Beispiele

The Subways are for Sleeping heißt ein amerikanischer Roman, den ein Dreier geschrieben hat, der beschloß, auszusteigen und Penner zu werden. Natürlich wird er ein hervorragender Penner. Er findet alle Tricks heraus. Unter anderem entdeckt er, daß man zu vier Stunden Schlaf kommen kann, wenn man mit der U-Bahn bis zur Endstation und wieder zurück fährt. Eines Tages sitzt er auf einer Bank und beobachtet, wie Leute aus einem Bürohaus strömen, um Kaffee trinken zu gehen. Plötzlich kommt ihm eine Idee: »Wenn man ihnen den Kaffee hineinbrächte ...«

Drei Monate später leitet er ein Millionen-Dollar-Unternehmen, das Bürohäuser mit Kaffee und Kuchen versorgt. Als nächstes schreibt er ein Buch darüber, das ein Bestseller wird.

Shirley MacLaine ist eine erfolgreiche Filmschauspielerin. Eines Tages hat sie während einer Akupunktur-Behandlung eine außerkörperliche Erfahrung und schreibt darüber einen Bestseller. Danach hat sie spirituelle Einsichten und begibt sich auf die spirituelle Suche, ähnlich wie eine ganze Generation es tat, die ähnliche Einsichten hatte. Aus ihren spirituellen Erlebnissen und ihrer Reise nach Peru macht sie dann einen weiteren Bestseller und eine Fernsehshow. Jetzt leitet sie in ganz Amerika Workshops, zu denen die Leute in Scharen kommen.

Paul Newman gehört zu den großen Filmstars seiner Generation. Er sieht mit sechzig noch immer phantastisch aus, ist sehr reich, hat eine großartige Frau und genießt Anerkennung als Schauspieler. Außerdem vertreibt er erfolgreich Salat- und Spaghettisaucen. Was immer die Drei anfaßt, wird zum Erfolg.

Die höhere Oktave

In der höheren Oktave ist hier der Ort des *Magiers*. Der Weg ist die *Wahrhaftigkeit*. Wahrhaftigkeit bildet das Gegenmittel

zur Täuschung der Drei. Die heilige Idee heißt *Gesetz.* Wenn die Drei das kosmische Gesetz erkennt und eine Gesetzmäßigkeit der Welt, die größer ist als sie selbst, dann kann sie endlich zur Ruhe kommen. Gesetz bedeutet für die Drei zu begreifen, daß die Welt nicht stillsteht, wenn die Drei stillsteht.
Auf dem Weg der Wahrhaftigkeit muß das verlorene Kind wiedergefunden werden; das ist ein langsamer, schmerzhafter Prozeß. Die Befreiung besteht für die Drei darin, fähig zu werden, die Wahrheit über Gefühle zu sagen und Gefühle zu entdecken, so schwierig sie auch sein mögen. Die Drei muß das verlorene Kind finden und langsam zu einem wirklichen Menschen heranwachsen lassen.
Im Verlauf dieses Prozesses wird die Drei zum Magier. Sie produziert Erfolg dann nicht mehr, indem sie sich verkauft, um den Vorstellungen der Gesellschaft zu genügen, sondern aus einer tiefen Reflexion der im Inneren manifestierten kosmischen Gesetze heraus.

Fragen zur Identifizierung von Punkt Drei

1. Bist du ein Organisationstalent?
2. Tust du oft mehrere Dinge gleichzeitig?
3. Liegt es dir, Listen aufzustellen und die Dinge nach Prioritäten einzuordnen?
4. Findest du, daß Erfolg von selbst kommt, wenn du es richtig anstellst?
5. Bist du ein guter Team-Spieler?
6. Ist es für dich von großer Wichtigkeit, ein erfolgreiches Image zu haben?
7. Hast du dir zu viele Projekte aufgeladen?
8. Fällt es dir leicht, Ziele zu setzen und sie zu erreichen?
9. Fällt es dir leicht, ein Projekt fallenzulassen, wenn du merkst, daß du damit mehr erreichst?
10. Überraschen dich manchmal die Emotionen der anderen?

11. Hast du das Gefühl, daß die Welt eine Bühne ist und du hinter einer Maske spielst?
12. Fällt es dir manchmal schwer, zwischen dir selbst und der Maske zu unterscheiden?

die göttliche Mutter

Die göttliche Mutter

Punkt Zwei: Die hilfreiche Persönlichkeit
Der äußerliche Image-Punkt

Höhere Oktave:	**Die göttliche Mutter**
Heilige Idee:	Freiheit
Heiliger Weg:	Demut

Untere Oktave:	**Die hilfreiche Persönlichkeit**
Leidenschaft:	**Stolz**
Idealisierung:	Ich bin hilfreich
Redestil:	Ratschläge geben
Fallc:	Wille
Abwehrmechanismus:	Verdrängung
Vermeidung:	Bedürfnisse
Dichotomie:	Militant/libertin
Beispiele:	Marilyn Monroe, Elvis Presley, Nancy Reagan, Ladybird Johnson, Maria Magdalena, Elizabeth Taylor, Virginia Satir, Little Richard, Barbra Streisand, Michael Jackson, Dolly Parton, Liberace

Punkt Zwei ist die äußerliche Version von Punkt Drei. Alle Image-Punkte leiden unter einem Mangel an Selbstwertgefühl, da sie glauben, nicht um ihrer selbst willen geliebt werden zu können. Die Drei entwickelt eine Strategie, in der sie versucht, für das, was sie produziert, Liebe zu bekommen. Die Zwei möchte von dir geliebt werden, weil sie so gut für dich sorgt. Zweier sind die Helfenden, die Tröster, die überarbeiteten Mütter und die aufopfernden Ehefrauen.

Von außen betrachtet erscheint diese Strategie ziemlich erfolgreich. Die Zwei repräsentiert die Idealfrau in der westlichen Gesellschaft. Die perfekte Supermutter, Ehefrau, Sekretärin und Freundin - immer bereit, ihre eigenen Bedürfnisse zurückzustellen, um sich um andere zu kümmern. Sie scheinen geliebt und bewundert zu werden, und für ihre selbstlosen Dienste scheinen sie alle Liebe zu bekommen, die sie brauchen.

Und da sitzt der Haken. Die Dienste sind nie wirklich selbstlos. Sie entstehen aus mangelndem Selbstwertgefühl. Die Zwei versucht verzweifelt, Liebe und Selbstwertgefühl zu bekommen, indem sie für andere sorgt. Selten hat die Zwei die Energie, für sich selbst zu sorgen. Sie kann ihrem Verlobten ein Feinschmeckermenü bei Kerzenlicht vorsetzen oder ein Festessen für die Familie kochen, das aus zwölf Gängen besteht. Aber wenn sie allein ist und außer ihr niemand da ist, den sie versorgen könnte, dann vergißt sie das Essen vielleicht ganz, oder sie ißt irgend etwas aus der Dose.

Mit ihrem Helfen versucht die Zwei etwas aus der Welt herauszuziehen: Sie will Selbstwertgefühl bekommen im Austausch für Dienste, die angeblich umsonst sind. Vielleicht ist dies die versteckteste Form von Prostitution, die im Enneagramm vorkommt. Sie wird auch am leichtesten übersehen, da wir es alle genießen, von Zweiern umsorgt zu werden.

Zu den wichtigsten, unbewußten Mustern der Zwei zählt Schmeichelei. Als ich das einmal in einem Workshop erwähnte, verstanden die Leute das Wort Schmeichelei nicht. Eine Zwei platzte heraus: »Es ist immer wichtig, dafür zu sorgen, daß der Mann sich wohl fühlt.« Darin liegt die Essenz der

Zweier-Fixierung. Indem die Zwei dafür sorgt, daß du dich wohl fühlst, kommt sie zu ihrem Selbstwertgefühl.
Unter der Güte und der strahlenden Nettigkeit verbirgt sich ein stahlharter Kern. In Wahrheit kannst du niemals wiedergutmachen, was die Zwei alles für dich getan hat. Niemand kann für eine Zwei so gut sorgen, wie sie für den anderen gesorgt hat. Und direkt unter der Oberfläche ist sie sich dessen schmerzlich bewußt.
Die Zwei ist die abhängigste der Persönlichkeiten. Sie setzt sich nicht gerne mit der Welt auseinander, um zu bekommen, was sie braucht. Lieber wirkt sie auf einen anderen Menschen ein, der dann in die Welt geht und das Nötige beschafft. Selbst im sozialen Untertyp, dem typischen Star, hat man das Gefühl, der Manager des Stars habe eine Schlüsselfunktion in der Show innc. Die Welt kennt den Manager von Elvis Presley, Colonel Tom Parker. Seine Macht bildet, wie auch die von Michael Jacksons Manager, ein stabiles Fundament, auf dem sich der Künstler bewegt. Die Tragik von jemandem wie Marilyn Monroe liegt im Fehlen dieses so verläßlichen »Daddys«. Die Stars der Dreier-Fixierung sind im Gegensatz dazu sehr wohl in der Lage, für sich selbst zu sorgen.

Leidenschaft

Die Leidenschaft der Zwei ist *Stolz*. Die meisten Menschen verstehen die Leidenschaft, die sie antreibt, sobald sie ihre Fixierung erkannt haben. Bei Zweiern habe ich diese Erfahrung nie gemacht. Oft sind sie sich ihres Zorns und ihrer Verstimmung bewußt. Sie wissen, daß sie sich ausgenützt oder ungeliebt fühlen. Sie sind sich auch darüber im klaren, daß sie es lieben, hilfreich zu sein. Aber wenn man Stolz erwähnt, reagieren sie fast immer mit blankem Unverständnis.
»Aber es macht mir Spaß, mich um andere zu kümmern«, wird die Zwei antworten. Fast nie sind sich Zweier wirklich bewußt, daß Stolz die Maschine antreibt.

Ein Workshop-Leiter gab ein sehr klares Beispiel des Stolzes, der dem Verhalten der Zwei zugrunde liegt. »Jeder Morgen des einmonatigen Trainings, das ich leite, beginnt mit einer Sitzmeditation. Ich war immer schon eine Viertelstunde früher da, um sicherzugehen, daß der Raum in Ordnung ist, und damit ich schon meditiere, wenn die Gruppe kommt. Das tat ich, weil ich es für meine Pflicht der Gruppe gegenüber hielt und weil ich mich gut dabei fühlte. Eines Morgens war meine Uhr stehengeblieben. Ich kam eine Stunde zu spät. In dem Glauben, früh dran zu sein, machte ich die Tür auf und sah, daß der Raum bereits voller Leute war, die meditierten. Das erste Gefühl, das hochkam und mich überwältigte, war Scham. Als ich es untersuchte, erkannte ich, daß ich nicht getroffen war, weil ich meine eigene Meditation versäumt hatte, die ich liebe und brauche, sondern ich fühlte mich gedemütigt. In diesem Moment wurde mir klar, daß Stolz von Anfang an der Grund für mein Verhalten gewesen war.«

Jerry Perkins, von dem ich das Enneagramm lernte, kommt aus einer Bauernfamilie in Oklahoma. Er beschrieb die dort üblichen festlichen Zusammenkünfte auf dem Platz vor der Kirche. Die Familien kommen in ihren Lieferwagen und stellen sie im Kreis auf. Die Männer lassen die Ladeklappen herunter, und dann zeigen die Frauen, wie viele Pasteten sie gemacht haben. Das Ganze ist ein Wettbewerb, bei dem demonstriert wird, wie gut die Frauen ihre Familien versorgen. Sie sind stolz auf die Menge und auf die Qualität ihrer Speisen. Jerry erinnert sich, wie seine Tante, eine schwergewichtige Frau, in einer Bretterbude am Holzofen stand. Auf der einen Hüfte hielt sie ein Baby. Während sie das Frühstück machte und das Baby versorgte, kam ihr halbwüchsiger Sohn herein und sagte: »Mama, kannst du mir ein Hemd bügeln?« – »Aber sicher, mein Sohn, dauert nur eine Minute«, antwortete sie. Sie nähte die gesamte Kleidung für die Kinder, und jedes Jahr zu Ostern nähte sie ihnen Oster-Anzüge. Sie war stolz darauf zu geben und eine perfekte Mutter und Ehefrau zu sein.

Auf der anderen Seite bringt dieser Stolz Verstimmung hervor.

Es gibt diesen Witz von einer Mutter, die ihrem Sohn zu Weihnachten zwei Krawatten schenkt. Als sie ihn das nächste Mal sieht, trägt er eine davon. Die Mutter bemerkt es und sagt: »Was ist los, gefällt dir die andere nicht?«

Kindheit

Die Zwei war gewöhnlich Vatis kleines Mädchen. Ich habe diese Fixierung als weiblich beschrieben, und üblicherweise versteht man sie so. Aber ich kenne auch viele männliche Zweier. Die männlichen wie die weiblichen Zweier haben sehr früh gelernt, lieb zu sein und Vati um den kleinen Finger zu wickeln.

Die Zwei war das kleine, süße, lustige Mädchen, das sich mit kokettem Lächeln auf Vatis Schoß zusammenrollte.

Eine weibliche Zwei erinnert sich: »Ich lernte, lustig und neckisch zu sein, um seine Aufmerksamkeit zu erregen und damit er Freude an mir hatte. Es funktionierte nur auf diese Art. Ich bin sicher, daß dadurch Schwierigkeiten entstanden. Meine Mutter war so gespalten, so leer und still, daß ich sicher bin, sie muß eifersüchtig gewesen sein.«

Diese Beobachtung ist von tiefer Bedeutung für Zweier. Sie standen mit der Mutter im Wettbewerb um Vatis Liebe und haben gewonnen. Und die Mutter, die nie öffentlich über ihren Verlust sprechen kann und sich manchmal dessen auch gar nicht bewußt ist, wird ihrer Tochter oder ihrem Sohn gegenüber ablehnend. Zweier, die in Therapie kommen, zeigen sehr oft ein Gefühl tiefer Verbundenheit mit dem Vater und eine unglückliche Beziehung zur Mutter. Wenn man sie fragt, haben sie keine Ahnung, woher der Konflikt mit der Mutter stammt. Bei näherer Untersuchung stellt sich heraus, daß sie sich nicht bewußt waren, die Liebe des Vaters gewonnen zu haben.

Eine andere Frau sagte: »Mir war klar, wie gern mein Vater mich hatte. Er hatte auch meine Mutter sehr gern. Ich war

völlig unschuldig und blind für sexuelle Dinge, bis jemand mein Interesse an Sex weckte. Erst mit 18 oder 19 dachte ich zum erstenmal bewußt über eine Art sexueller Anziehung zwischen meinem Vater und mir nach. Und erst, als ich über 20 war, wurde mir bewußt, daß es möglicherweise Konflikte in unserer Familie gab. Ich hatte meine Kindheit immer als idyllisch empfunden. Jedermann wünschte sich, eine Familie wie die unsere zu haben. Ablehnung, Eifersucht und Wettbewerb liefen in unserer Familie heimlich ab, da alles so perfekt war. Die Familienmitglieder waren wirklich lebhaft, glücklich und liebevoll. Probleme wurden versteckt. Meine Mutter versteckte ihre Traurigkeit und ihre Verstimmung hinter ihrer Nettigkeit.«
Die Beschreibung der Naivität in bezug auf Sexualität ist sehr passend. Es handelt sich hier um eine vorgeschlechtliche Fixierung. Die Liebe zum Vater ist keineswegs sexuell; Sex ist nicht das Thema. Gewöhnlich bedeutet der Zwei Zärtlichkeit mehr als Sex. Eine sexuelle Zwei gab uns ein Gegenbeispiel. Mit vier oder fünf Jahren unterhielt sie auf Geheiß ihrer Eltern Matrosen und tanzte für sie. Dabei spürte sie ihre Sexualität und war begeistert, und daran hat sich bis heute nichts geändert.

Idealisierung

Die Zwei idealisiert: »*Ich bin hilfreich.*« Und das ist sie in der Tat. Eine Acht sagt dir, was mit dir nicht stimmt. Eine Acht könnte dich auslachen und sagen: »Du siehst albern aus in diesen Klamotten!« Eine Eins würde predigen: »Weißt du, eine anständige Frau in deinem Alter sollte in diesem Aufzug nicht auf die Straße gehen.« Eine Zwei würde es so formulieren: »Du siehst heute wirklich gesund aus. Und weißt du, ich kenne einen Laden, wo es Kleider zum halben Preis gibt. Sie haben da so ein süßes Kleid, das würde dir phantastisch stehen. Es würde sehr deinen Typ unterstreichen.«

Redestil

Der Redestil paßt zur Idealisierung. Er nennt sich *Ratschläge geben*. Der Zwei geht es wie der Briefkasten-Tante einer Zeitung, an die die Menschen schreiben, um sich bei persönlichen Problemen Rat zu holen - die Welt erzählt der Zwei ständig von ihren Problemen, und die Zwei schafft familiäre Nähe und gibt gute Ratschläge. Zweier verstehen sich mit jedem und tauchen meisterhaft in die Realität des anderen ein. Sobald die Verbindung zum anderen hergestellt ist, lenkt ihn die Zwei geschickt durch Ratschläge.

Falle

Die Falle nennt sich *Wille*. Sie steht im Zusammenhang mit der Blindheit der Zwei gegenüber dem Stolz, der die Maschine antreibt. Da die Zwei ihre Bedürfnisse verdrängt, hegt sie die Illusion, sie kümmere sich aus freiem Willen um einen anderen. Die Falle des Willens besteht darin, sich die Illusion einer freien Wahl zu erschaffen. Um in einer gegebenen Situation wirklich Willen zu besitzen, müssen wir die Wahl haben. Da es immer um Selbstwert und Liebe geht, wenn die Zwei etwas für einen anderen tut, kann dem niemals freier Wille zugrunde liegen. Die Illusion des freien Willens wird zur Falle, und die eigenen Bedürfnisse werden verdrängt, um für andere zu sorgen.

Die Falle wird offensichtlich, wenn die Zwei einen ihrer unvermeidlichen Wutausbrüche hat. Dann wirft sie dem anderen alles vor, was sie für ihn getan hat, und behauptet, sich ausgenutzt zu fühlen. Dadurch wird klar, daß der Gedanke des freien Willens und der freien Wahl eine Lüge war.

Abwehrmechanismus

Der Abwehrmechanismus heißt *Verdrängung.* Die Zwei hat ihre eigenen Bedürfnisse so stark verdrängt, daß sie sich ihrer nicht mehr bewußt ist. Sie weiß nur, daß sie den Wunsch hat, für andere zu sorgen.

Vermeidung

Die Zwei vermeidet ihre eigenen *Bedürfnisse.* Vermeidung, Falle und Abwehrmechanismus arbeiten eng zusammen, um die Zwei in ihrer fürsorglichen Position festzuhalten. Wenn jemand bewußt den Wunsch hätte, den perfekten Sklaven zu programmieren, käme dasselbe dabei heraus. Der Sklave würde die eigenen Bedürfnisse vermeiden, die eigenen Wünsche verdrängen, und glauben, daß er seinem Herrn freiwillig dient.

Von außen betrachtet sieht die Zwei keineswegs nach einem Sklaven aus. Tatsächlich sind andere Menschen, besonders Frauen, oft neidisch auf diese Fixierung. Sie sind neidisch, weil sie trotz aller Anstrengungen nie so selbstlos und hilfreich sind und nie so perfekt, freundlich und liebevoll erscheinen. In Wahrheit vermeidet die Zwei ihre Bedürfnisse, um zu dienen. Aufgrund dessen können Zweier sich sehr gut in andere Menschen einfühlen. Wenn sie sich mit jemandem unterhalten, sind sie in der Lage, sich ganz auf den anderen einzustellen und seine Gefühlslage zu reproduzieren.

Dichotomie

Die Dichotomie der Zwei heißt *militant/libertin.* Je nachdem, auf welcher Seite der Dichotomie die Zwei sich manifestiert, entstehen sehr unterschiedliche Verhaltensweisen.

Nancy Reagan ist ein militante Zwei. Sie scheint ein strenges

Regiment zu führen, sehr im Unterschied zu Dolly Parton oder Marilyn Monroe, die beide libertine Zweier sind. Der körperliche Unterschied, wie er zwischen Nancy Reagan und Marilyn Monroe besteht, scheint generell auf diese Dichotomie zuzutreffen. Militante Zweier haben oft eine angespannte Muskulatur, sind dünn und sehen ein bißchen aus wie Vertreter der Einser-Fixierung. Libertine Zweier dagegen haben oft einen üppigen Körper und geben sich lustbetont.
Die militante Zwei ist oft die effiziente Chefsekretärin. Libertine Zweier können Prostituierte und Motorradbräute werden. Häufig liegt die wirkliche Macht in einer Beziehung bei der militanten Zwei, während die libertine Zwei in Beziehungen oft mißbraucht wird.

Untertypen

Selbsterhaltung: Ich zuerst

Der Selbsterhaltungs-Untertyp heißt *Ich zuerst.* Auf den ersten Blick mag diese Bezeichnung unpassend erscheinen, da diese Leute immer die Nummer zwei sind. Es handelt sich hier um die Macht hinter dem Thron, die Chefsekretärin oder die Ehefrau des Bosses. Dies sind Leute, die niemals selbst der Chef sein wollen, sie fühlen sich viel wohler als Ratgeber des Chefs. Sie stehen hinter den Kulissen und steuern das Schiff aus dieser Position.
Diese Menschen können extrem hart und besessen arbeiten; Sieben-Tage-Wochen und Zwölf-Stunden-Tage loyaler Assistenten gehören hierher. Eine Selbsterhaltungs-Zwei rühmte sich damit, daß ihr Chef einmal einen Firmenscheck unterschrieben hatte und die Bank ihn zurückschickte, weil man seine Unterschrift nicht erkannt hatte. In der Bank kannten sie nur ihre Version der Unterschrift.
Da die Selbsterhaltungs-Zwei so viel von sich weggegeben hat,

hält sie sich für etwas Besonderes. Sie fühlt sich im Recht, wenn sie sich am kalten Buffet oder in der Schlange an der Kinokasse vordrängelt.
Wenn das Essen nicht für alle reicht, die Selbsterhaltungs-Zwei wird das ihre jedenfalls bekommen. Und versuche ja nicht, von ihrem Teller zu essen! Viele Selbsterhaltungs-Zweier haben damit gedroht, dem anderen den Finger abzuschneiden. Nachdem sie so viel gegeben haben, haben sie Anspruch auf ihr Essen.
Jerry Perkins, der viele Beziehungen mit Zweiern hatte, sagt gerne: »Sie lieben es, zu geben, aber wenn sie etwas haben wollen, dann bringst du deine Kreditkarten besser schleunigst zum Qualmen.«

Sozial: Ehrgeiz

Während die Selbsterhaltungs-Zwei die Macht hinter dem Thron verkörpert, sitzt die soziale Zwei auf dem Thron. Hier ist das Zuhause des Stars. Es muß sich nicht um Stars im Sinne Hollywoods handeln, obwohl auch viele von ihnen soziale Zweier sind, zum Beispiel Liz Taylor und Barbra Streisand.
Ich kenne eine soziale Zwei, die als Physiotherapeutin arbeitet. Sie genießt es, wenn ihr Chef nicht da ist und sie glänzen kann. Nach einer Operation am Knie war ich bei ihr in Behandlung. Sie gab einer Schar von Helfern Anweisungen, wie sie mich massieren und mein Knie vereisen sollten, und sie achtete darauf, daß ich es bequem hatte und genügend Handtücher bekam. Sie ist der Star in der Fürsorge der Patienten.
Wir flogen einmal in der oberen Etage eines 747 Jumbo-Jets. Der Steward war eine soziale Zwei. Er hatte auf dem Flug von San Francisco nach Japan 16 Passagiere zu betreuen. Er stand auf einem kleinen Podest und überwachte uns. Nach der ersten Runde wußte er, was jeder von uns trinken wollte und achtete darauf, daß unsere Gläser stets gefüllt waren. Nach einer Weile wollten meine Begleiterin und ich nichts mehr zu trinken. Aber

wir brachten es nicht fertig abzulehnen, da das so eindeutig seine Gefühle verletzt hätte.
Eine andere soziale Zwei stand Modell für Maler. Sie genoß es, nackt zu posieren und sich dann die verschiedenen Bilder anzusehen. Sie liebte es, die Zeichen der Aufmerksamkeit zu sehen, die man ihr entgegenbrachte.

Sexuell: Aggression/Verführung

Die Selbsterhaltungs-Zwei verkörpert die Macht hinter dem Thron, die soziale Zwei sitzt auf dem Thron, und die sexuelle Zwei verführt den Inhaber des Thrones. *Aggression/Verführung* beschreibt den Vorgang der Verführung der Macht. Sexuelle Zweier erleben Liebe als ein Schmelzen des Widerstandes. Wenn der Widerstand geschmolzen ist, wird die Sache schnell langweilig.
Wir kennen eine sexuelle Zwei, die vier Ehemänner und fünf Väter für ihre Kinder hatte. Die Anzahl ihrer Liebhaber übersteigt das Zählbare.
Sexuelle Zweier sind die verführerischsten Menschen des Enneagramms. Zweiern, ganz besonders sexuellen Zweiern, wird oft vorgeworfen, sie würden die Männer anmachen und verführen. Dieser Vorwurf überrascht sie immer. Oft sind sie sich ihres Verhaltens nicht bewußt.
Eine sexuelle Zwei wird dich bei der ersten Begegnung anfassen und dich auch danach oft berühren. Sie wird physischen Kontakt herstellen, und wenn es sich nur um eine leichte Berührung am Arm handelt.
Wenn eine sexuelle Zwei einen Raum betritt, spürt sie sofort, wo sich die Macht befindet. Dann nähert sie sich demjenigen und verführt ihn. Viele Groupies und »Star-Fucker« sind sexuelle Zweier. Wir kennen eine sexuelle Zwei, die Buch führt über die Gurus, die sie gekannt hat.

Beispiele

Nancy Reagan ist ein gutes Beispiel für die Selbsterhaltungs-Zwei. Aussagen verschiedener Angehöriger des Weißen Hauses haben bestätigt, was wir bereits wußten: Sie schmiß den Laden. Nancy Reagan ließ den ersten Berater für nationale Sicherheit feuern. Auf Nancys Bestrebungen hin mußte der Personalchef des Weißen Hauses gehen.
Viele amerikanische Präsidenten hatten Zweier-Ehefrauen, die sie führten und die ihnen halfen, an die Macht zu kommen. Rosalynn Carter vertiefte die Präsidentschaft Jimmy Carters durch ihre Sorge um Menschlichkeit, und Ladybird unterstützte Lyndon B. Johnson.
Elvis Presley war ein Zweier. Er idealisierte seine Mutter und kümmerte sich ständig um sie. Er verschenkte Cadillacs an seine Freunde. Er heiratete die sehr junge Priscilla und sorgte für sie, indem er am Anfang ihrer Beziehung zwar neben, aber nicht mit ihr schlief.

Die höhere Oktave

In der höheren Oktave ist hier der Ort der *göttlichen Mutter.* Der Weg ist *Demut,* die heilige Idee ist *Freiheit.* Der Weg der Demut bildet das Gegenmittel zum Stolz der Zwei.
Wenn die Zwei sich wirklich der heiligen Freiheit nähert, ist sie nicht länger davon abhängig, etwas zu geben. Sie beginnt, ihre eigenen Bedürfnisse zu erfüllen und ihr Selbstwertgefühl zu entwickeln. Sobald sie ihr Selbstwertgefühl außerhalb des Kontextes von Beziehungen aufgebaut hat, kann die Zwei freiwillig in die Welt zurückkehren. Wenn sie von Liebe erfüllt ist, die von innen kommt, kann die Zwei sich entscheiden, für uns alle Mutter und Göttin zu sein. Sie kann freizügig geben, ohne Gegenleistung zu erwarten. Sie kann ein Vorbild für mitfühlendes Handeln in der Welt sein.

Fragen zur Identifizierung von Punkt Zwei

1. Liebst du es, anderen Menschen zu helfen?
2. Bist du der Meinung, im allgemeinen besser für andere sorgen zu können als sie für dich?
3. Machst du oft und gerne Komplimente?
4. Fühlst du dich durch die Bedürfnisse anderer belastet?
5. Ist es wahr, daß Gefühle viel wichtiger sind als Gedanken?
6. Empfindest du dich als sehr fürsorglich?
7. Verbringst du viel Zeit damit, die Bedürfnisse anderer Menschen zu befriedigen?
8. Stellst du gerne physischen Kontakt her, berührst du Menschen, wenn du sie das erste Mal triffst?
9. Fällt es dir leichter, für andere zu kochen, als für dich allcine?
10. Bist du ein Romantiker?
11. Neigst du zu Wutanfällen, wenn man dich ausgenutzt hat?
12. Nachdem du so viel gegeben hast, fällt es dir da schwer, jemanden von deinem Teller essen zu lassen?

der Künstler

Der Künstler

Punkt Vier: Die melancholische Persönlichkeit
Der innerliche Image-Punkt

Höhere Oktave:	**Der Künstler**
Heilige Idee:	Ursprung
Heiliger Weg:	Gleichmut

Untere Oktave:	**Die melancholische Persönlichkeit**
Leidenschaft:	**Neid**
Idealisierung:	Ich bin erstklassig
Redestil:	Wehklagen
Falle:	Authentizität
Abwehrmechanismus:	Introjektion
Vermeidung:	Sich verloren fühlen
Dichotomie:	Analytisch/desorientiert
Beispiele:	John Keats, Percy Shelley, Orson Welles, Bette Davis, Marlon Brando, Judy Garland, Billie Holiday, Ingrid Bergman, Simone de Beauvoir, Peter Lorre, Vivien Leigh (Scarlet O'Hara), James Mason, Joni Mitchell, James Cagney, Baudelaire, Edith Piaf, Andy Warhol, Charlie Chaplin, Heinrich Heine, Yukio Mishima, Prince

Die Vier ist die innerliche Version der Drei, die implodierte Version der hysterischen Persönlichkeit. Diese Menschen sind die »Drama-Queens« des Lebens. Wo die Zwei stolz auf ihre Stellung ist, schämt sich die Vier und fühlt sich fehl am Platze. Vierer fühlen sich nie richtig zu Hause, sie haben nie wirklich ein entspanntes, harmonisches Verhältnis zu ihrer Umgebung. Oft scheinen sie darauf zu warten, daß das Leben endlich anfängt.
Die Vier ist der natürliche Standort von Tänzern, Künstlern und »Workshop-Junkies«. Oft arbeiten diese Leute ständig daran, sich zu vervollkommnen. Kosmetische Chirurgie und die Dauerwelle gehören hierher, und die Vier liebt es, sich außerordentlich stilvoll zu kleiden. Sie kann Stunden damit verbringen, ein natürlich aussehendes Make-up zu kreieren, das zu einem teuren Erscheinungsbild und natürlichen Stoffen paßt. Selbst wenn die Kleidung der Vier aus einem Secondhand-Laden oder vom Flohmarkt stammt, wird sie immer unaufdringlich gestylt wirken. Oder aber die Vier kauft in den besten Geschäften der Welt ein und wendet dann viel Zeit und Mühe auf, um so auszusehen, als seien die Kleidungsstücke zufällig und gedankenlos zusammengewürfelt.
Im Gegensatz zur Zwei, die die Liebe des Vaters gewonnen hat, lebt die Vier in dem Gefühl, den Vater verloren zu haben. Sowohl männliche als auch weibliche Vierer erleben den Verlust des Vaters oder des dominierenden Elternteils und ziehen aus dieser Erfahrung den Schluß, daß mit ihnen »etwas nicht in Ordnung ist«. Dann macht die Vier aus sich die Person, die der Vater lieben würde. Das Verlustgefühl und der Abwehrmechanismus der Introjektion schaffen die natürlichen »tragischen Heldinnen« der Welt.
Vierer haben das Gefühl, von dem Verlust »gezeichnet« und daher einzigartig zu sein. Sie können sich als elitär empfinden und der Meinung sein, normale Regeln würden für sie nicht gelten. Die Vier schwelgt in ihrer Melancholie - eine exquisite Schnittblume in einer edlen Kristallvase; schön, aber schon im Sterben begriffen und an der Wurzel abgeschnitten.

Vierer sind süchtig nach Liebe. Sie haben das Gefühl, niemals ganz erfüllt sein zu können. Einer Vier mußt du deine Liebe mehrmals täglich beweisen. Und du mußt sie ihr auf unterschiedliche Arten beweisen, du mußt dir ständig etwas Neues einfallen lassen. Die Vier wird dich testen und testen und testen: »Was hast du in letzter Zeit für mich getan?«

Vierer haben das Gefühl, bereits so viel gelitten zu haben, daß niemand es wiedergutmachen kann. Eine Vier sagte: »Es liegt nicht an dir. Es ist nicht wiedergutzumachen, weil ich nie über den ursprünglichen Verlust hinweggekommen bin.«

»Du hast mich nie wirklich geliebt!« Das kann dir die Vier aus heiterem Himmel an den Kopf werfen. Und schon beginnt eine neue Runde auf der emotionalen Berg- und Tal-Bahn.

Vierer möchten emotional leben, mit voller Kraft und explosiv. Zwischen Vierern und Achtern besteht eine große Anziehungskraft, da sie beide eine explosive emotionale Intensität besitzen.

Das traditionelle Japan ist eine Vierer-Kultur. Japan fühlt sich von den in China liegenden Wurzeln seiner Kultur abgeschnitten. Dieses starke Gefühl der Minderwertigkeit China gegenüber durchdringt die japanische Ästhetik. Die Japaner haben das Beste der chinesischen Kultur übernommen und es verbessert. Aber der Kimono, die Teezeremonie, Zen, Go, Akupunktur und die Gartenarchitektur haben alle ihre Wurzeln in China.

Die beliebteste Jahreszeit in Japan ist der Herbst. Die Vier schätzt das exquisite Sterben. Die Lieblingsemotion der Japaner ist unerfüllte Liebe. Selbst das traditionelle Lied an die Kirschblüte hört sich wie ein Klagelied an.

Die japanischen Gärten sind ein Versuch, die Natur natürlicher zu machen. Die besten japanischen Gärten sehen vollkommen natürlich aus – als ob kein Mensch sie je betreten hätte. Dieser Effekt wird durch kunstgerechte Handhabung erreicht; jeder Stein wird bewußt plaziert und jedes Blatt täglich gepflegt. In dieser Hinsicht haben die Japaner die Chinesen längst überflügelt. Und auf diese Art kreiert die Vier jeden

Aspekt ihrer Persönlichkeit sorgfältig so, daß der Eindruck zufälliger Natürlichkeit entsteht.

Leidenschaft

Die Vier wird von der Leidenschaft des *Neides* angetrieben; sie fühlt einen tiefen Mangel an Selbstwertgefühl und hat ständig das Bedürfnis, sich mit anderen zu vergleichen. Sie glaubt, »meins ist nicht so gut wie das der anderen«. Die Vier fühlt sich irgendwie unvollkommen und hat den Eindruck, daß die Blumen in Nachbars Garten immer bunter blühen als die im eigenen. Andere Leute haben es immer besser. Alle anderen scheinen glücklicher zu sein. Alle anderen scheinen perfekte Partnerschaften zu haben.

Die Vier bekommt nie genug. Oft liebt sie es, Wohnungen anderer Leute anzuschauen, um festzustellen, wie sie im Verhältnis dazu abschneidet. Vierer neigen zur Verschwendungssucht, sie lieben es, mehr und mehr materielle Dinge zu kaufen. Einkaufswütige und Ladendiebe gehören hierher. Vierer können zu Klein-Kriminellen werden.

Je weiter etwas weg ist, desto besser sieht es für die Vier aus. Und je näher es kommt, desto schlechter sieht es aus. Die Vier ist oft ein Leben lang ständig in irgendwelche neuen Dinge oder Menschen vernarrt und setzt dann alles daran, sie zu besitzen. Sobald sie dann hat, was sie wollte, zerfällt es in ihren Händen zu Asche. Woody Allen sagte einmal: »Ich würde nie zu einem Club gehören wollen, der mich als Mitglied akzeptiert.«

Wenn man diese Menschen in einem ruhigen Moment beobachtet, entdeckt man oft tiefe Traurigkeit in ihren Augen. Der Film *Die Frau des französischen Leutnants* ist ein gutes Beispiel. Die Hauptdarstellerin steht alleine auf den Klippen, sehnsuchtsvoll wartend. Das Leben ist besser in der Vergangenheit oder in der Zukunft. Mit Melancholie denkt sie daran, wie es einmal war, oder wartet sehnsuchtsvoll auf den Ritter in glänzender Rüstung, der noch nicht gekommen ist. Je näher er kommt, desto mehr beginnt die Vier, seine Pickel und Unvollkommenheiten zu sehen. Die Gegenwart ist nie so schön wie die Vergangenheit oder die Zukunft.

Die Vier schwelgt in Sehnsucht. Sie glaubt, tiefere Gefühle zu haben als wir anderen. Tatsächlich ist die Vier fähig, die wohl größte Bandbreite von Emotionen auszuleben. Vierer haben eine reiche Gefühlswelt, aber sie übertreiben auch. Melodramatik und Theatralik gehören hierher: »Niemand leidet so wie ich.«

Wenn du mit einer Vier zum Einkaufen gehst und dir einen Pullover kaufst, hat sie sofort das Bedürfnis, sich auch einen zu kaufen. Wenn du mit einer Vier eine Beziehung hast und einmal fremdgehst, wird sie zweimal fremdgehen.

Eine Vier beschrieb das so: »Ich habe nie genug, ich brauche immer noch mehr. Eifersucht ist für mich das Gefühl, alles persönlich zu nehmen. Alles hat mit mir zu tun.«

Kindheit

Die Kindheit der Vier ist die Geschichte vom verlorenen Paradies. Selbsterhaltungs-Vierer fühlen sich oft schon im Mutterleib isoliert und beginnen ihr Leiden schon dort. Aber die meisten Vierer berichten von einer frühen Kinderzeit voller Glückseligkeit. Diese Kinder sonnten sich im Garten der Liebe. Sie hatten das Gefühl, umsorgt und geliebt zu werden, und sie sahen im Vater die Sonne, die strahlte und sie nährte. Aber dann wurden sie plötzlich verstoßen. Die klassische Geschichte handelt von einem kleinen Mädchen, das seinen Vater anbetet. Er betet sie auch an; die beiden spielen, schmusen und sind zärtlich miteinander. Und dann wird er sich plötzlich sexueller Gefühle ihr gegenüber bewußt, und das macht ihm angst. Eines Tages kommt sie angelaufen und will auf seinen Schoß klettern, und er sagt: »Nein, laß das.« Sie versteht das

so, daß irgend etwas nicht in Ordnung ist und sie schuld hat. Irgend etwas ist mit ihr nicht richtig. Sie wurde verstoßen.
Die Vier fühlt sich durch diesen Liebesentzug schwer verwundet, und sie deutet ihn als: »Mit mir ist etwas nicht in Ordnung.«
Sowohl bei männlichen als auch bei weiblichen Vierern scheint sich die Fixierung um den Verlust des Vaters zu drehen. Selbsterhaltungs-Vierer haben von Erfahrungen im Mutterleib berichtet, denen zufolge sie wußten, daß sie bei beiden Eltern unerwünscht waren. Sie fühlten sich bereits zu diesem Zeitpunkt ungeliebt und nahmen es persönlich. Für gewöhnlich aber liegt der Kern der Fixierung im Verlust des Vaters, obwohl häufig auch mangelnde Mutterliebe hinzukommt. Wird die Mutter als der dominierende Elternteil erlebt, ist es umgekehrt.
Um das Paradies wiederzugewinnen, muß die Vier so außergewöhnlich sein, daß die Regeln für sie nicht mehr anwendbar sind.
Da es sich hier um einen Image-Punkt handelt, sind Vierer sehr kreative Menschen. Wenn die Vier in die späte Pubertätsphase kommt, verhält sie sich oft so, daß es für die Eltern zum Alptraum wird. Sie wird sich zum Beispiel mit Partnern anderer Hautfarbe einlassen, falls das die Familienphobie ist. Oft haben Vierer extrem früh sexuelle Beziehungen.
Sind die Eltern der Vier eingeschworene Drogengegner, ist es sehr wahrscheinlich, daß die Vier für jedermann sichtbar mit Drogen experimentiert. Es handelt sich hier aber nicht um konsequente Rebellion. Menschen dieser Fixierung begeben sich nie auf die nonkonformistische Seite des Enneagramms, obwohl sie auf den ersten Blick wie absolute Nonkonformisten wirken können. Sie ziehen sich ungewöhlich an und tun und sagen ungewöhnliche Dinge. Aber bei alldem bleiben sie in der Familie. Vierer sind richtig süchtig nach ihren Eltern, und für einen erheblichen Teil ihres Lebens versuchen sie zu beweisen: »Ich bin so außergewöhnlich, daß ich verdiene, wieder ins Paradies aufgenommen zu werden.«
Das Gefühl, das Paradies verloren zu haben, erzeugt Sehn-

sucht. Der Verlust wird wieder und wieder neu erschaffen. Vierer verlieben sich, kreieren vernichtende Gefühlsausbrüche und verlassen den Partner. Dann sehnen sie sich nach dem nächsten, oder bereuen, was sie getan haben. So oder so sehnen sie sich nach Beziehungen und zerstören sie dann wieder und wieder.
Oft haben Vierer das Gefühl, eine Beziehung kaputtmachen zu müssen, bevor sie zu tief wird und der Partner die Narbe der alten Wunde und die tragische Schuld entdeckt und davongeht. Aufgrund ihrer Kindheit fürchtet und erschafft die Vier immer wieder Situationen des Verlassens. Dieses Thema zieht sich durch ihr ganzes Leben.

Idealisierung

Die Vier bildet sich ein, nicht nur einzigartig zu sein, wie wir es alle sind, sondern sie glaubt, sie sei etwas Besonderes. Die Idealisierung lautet: »*Ich bin erstklassig*. So was wie mich gibt's nur einmal.«
Einerseits glaubt die Vier, zur Elite zu gehören und sich vom Rest der Menschheit zu unterscheiden, andererseits hat sie das Gefühl, nicht so gut wie andere zu sein, und aus diesem Gefühl entsteht der Neid.
Man kann Vierer daran erkennen, daß sie sich für etwas Besonderes halten. Es scheint, als ob Gott die anderen in einer halben Stunde erschaffen und sich für die Vier eine dreiviertel Stunde Zeit genommen hätte. Vierer sind oft Künstler oder gehören elitären, intellektuellen Kreisen, der Bohème oder ausgefallenen Randgruppen an.

Redestil

Der Redestil der Vier heißt *Wehklagen*. Wenn ich meinen Schülern das Enneagramm beibringe, lasse ich sie manchmal

die Augen schließen, die Worte ignorieren und nur auf die emotionale Qualität achten, die eine Stimme überträgt. Die weinerliche Traurigkeit der Vier kommt in jedem unbewachten Augenblick durch. Klatsch, Tratsch und das Erzählen jammervoller Geschichten gehören hierher. Ich kenne weibliche Vierer, die Stunden am Telefon zubringen, um ihren Freundinnen zu berichten, wie beklagenswert ihre Beziehungen sind und wie schlecht das Leben sie behandelt.
Da es sich hier um einen Image-Punkt handelt, kann die Vier sich auch sehr schnell auf den Gemütszustand ihres Gegenübers einstellen. Sie kann lustig, intelligent und oft unbewußt witzig sein. Das trifft besonders zu, wenn sie über etwas anderes spricht als über die Tragödie ihres Lebens.
Judy Garland ist eine Vier; ihr Wehklagen war in all ihren öffentlichen Auftritten zu spüren. Und auch Billie Holidays Gesang spiegelte die Tragödie ihres Lebens wider.

Falle

Die Falle heißt hier *Authentizität.* Die Vier vertritt den Standpunkt, Stil sei alles. Sie würde nie etwas tun, was die allgemeine Stimmung, die Manieren oder den guten Stil verletzen würde. Ich kenne Geschichten von Vierern, die stundenlang wie angenagelt dasaßen, obwohl sie dringlich aufs Klo mußten, weil sie ein Gespräch nicht unterbrechen wollten. Wir kennen eine Vier, die nie die Toilette in der Wohnung ihres Liebhabers benutzen würde, weil das viel zu unfein wäre.
Weibliche Vierer verbringen Stunden damit, sich so zu schminken, daß sie ungeschminkt wirken. In Esalen tragen viele Frauen kein Make-up; nur die Vierer sind meistens geschminkt. Aber sie machen es so raffiniert, daß man es kaum merkt. Viel Zeitaufwand und große Arbeit am Detail sind nötig, um diese künstlerische Leistung zu vollbringen.
Die Vier versucht auf diese Weise, ein authentisches, natürliches Mädchen aus sich zu machen. Ihr Stil unterscheidet sich

grundlegend von dem einer Frau, die hochhackige Schuhe und auffälliges Make-up trägt. Die Vier bemüht sich, natürlich zu sein. Vierer hassen Unechtheit und Langeweile. Falsch oder langweilig zu sein ist das Schlimmste, was du einer Vier vorwerfen kannst.

Vierer halten sich für einzigartig, originell und natürlich. Sie wollen nicht, daß du von ihrer Schönheitsoperation erfährst; du sollst nicht sehen, daß sie geschminkt sind; und ob sie eine Dauerwelle haben, geht dich auch nichts an: »Es ist ein natürlicher Ausdruck meines Wesens.«

Der wirklich besondere Stil der Vier, sich zu kleiden, zeigt sich oft an den Schuhen. Weibliche Vierer haben stets tolle Stiefel. Und auch die männliche Vier bringt ihre Einzigartigkeit gerne in ihrem Schuhwerk zum Ausdruck.

In Esalen gibt es einen Workshop-Leiter, dessen Vierer-Fixierung ich an seinen Sandalen erkannte. Er trug die außergewöhnlichsten Schuhe, die ich je gesehen habe. Sie hatten nichts Lautes, Schrilles oder Aufmerksamkeiterheischendes an sich; sie waren aber ungewöhnlich im Stil und in der Liebe zum Detail. Seine Hemden unterschieden sich von den unseren durch einen besonderen Schnitt der Ärmel. Er kleidete sich wirklich einzigartig.

Er hatte das Gefühl, nie gut genug für seinen Vater gewesen zu sein. Er wurde Mannschaftskapitän in einem Fußballverein und Athlet, aber es gelang ihm nicht, den Vater zurückzugewinnen. Es reichte nicht aus.

Ein anderer männlicher Vierer in einem unserer Workshops war immer die mit Abstand am besten gekleidete Person im Raum. Nicht auf eine Art, die auffällig gewesen wäre, obwohl er sein eigenes blaugraues Meditationskissen mitbrachte. Es lag mehr an seinen Socken; sie zeichneten sich durch ein ganz besonderes Muster aus. Und selbst wenn er Socken trug, die nicht zusammengehörten, was »in« ist und einem gewissen lässigen Stil entspricht, war jede einzelne Socke etwas Besonderes und ergänzte sich mit der anderen in perfekter Harmonie.

Abwehrmechanismus

Der Abwehrmechanismus der Vier heißt *Introjektion*. Die Vier glaubt, nicht geliebt werden zu können; sie fühlt die alten Narben und kommt sich wertlos vor, und so nimmt sie alle negativen Emotionen ihrer Umgebung in sich auf.
Die Acht verleugnet alles Negative, die Sechs projiziert es auf die Umwelt, und die Vier schluckt fremde Negativität und macht sie zu ihrer eigenen. Das kann zu psychosomatischen Störungen, emotionalen Traumen und Depressionen führen. Dieser Abwehrmechanismus ist sehr eigenartig. Anstatt sich gegen die Negativität der Welt zur Wehr zu setzen, schluckt die Vier sie.
Vierer leben in ihrem emotionalen Körper und haben eine feine Antenne für die Emotionen ihrer Umwelt. Wenn eine Vier in eine Gruppe von Menschen kommt, spürt sie sofort die emotionale Valenz. Da sie negative Emotionen dann in sich aufnimmt und zu ihren eigenen macht, können Gesundheitsprobleme und emotionale Unausgeglichenheit die Folge sein.

Vermeidung

Vierer vermeiden es, *sich verloren zu fühlen*. Es gibt in der Struktur der Vier zwei Umstände, die dieses Vermeiden unterstützen. Erstens fühlt sich die Vier entwurzelt und daher grundsätzlich desorientiert. Zweitens, und das ist noch wichtiger, hat sie das Empfinden, ein schwarzes Loch der Leere in sich zu haben. In der Vier findet man abnormales Eßverhalten. Freßsüchtige sagen oft, sie versuchten, das schwarze Loch mit Essen zu füllen.
Vierer sind in Zeit und Raum immer pseudo-orientiert. Ihre Orientierung besteht fast immer in der Beziehung zu einem anderen Menschen. Sie vermeiden es, sich verloren zu fühlen, indem sie das schwarze Loch umgehen und Beziehungen suchen.

Die Hysteriker sind von allen Enneagrammpunkten am süchtigsten nach Liebe, und die Vier ist die Süchtigste der Hysteriker. Vierer versuchen, das schwarze Loch mit Liebesbeziehungen zu füllen. Das ist ihre Strategie, um sich nicht verloren zu fühlen.

Dichotomie

Die Dichotomie der Vier heißt *analytisch/desorientiert.* Wie bei allen Fixierungen sind immer beide Pole vorhanden, aber einer wird zur Maske, in der sich das Ego der Welt zeigt. Die desorientierte Vier repräsentiert den Stereotyp der klassischen »wirren Frau«. Es kann sich um mangelnden Orientierungssinn handeln: Dann hat die Vier Schwierigkeiten, Straßenkarten und Wegbeschreibungen zu folgen; oder es handelt sich einfach um die Unfähigkeit, einem Gespräch konzentriert zu folgen. Die Desorientierung der Vier scheint zwei Wurzeln zu haben. Die eine liegt in dem schon erwähnten Gefühl des Abgeschnittenseins. Und zum anderen ist die Vier oft so sehr mit ihrem eigenen emotionalen Drama beschäftigt, daß sie nicht viel Aufmerksamkeit für den Rest der Welt übrig hat.

Die analytische Vier dagegen kann den Eindruck erwecken, als operiere sie hauptsächlich auf der Verstandesebene. Sie gibt sich alle Mühe, das desorientierende Gefühl des Verlorenseins zu vermeiden, und sie versucht, im geistigen, gedanklichen Bereich zu bleiben. Männliche Vierer erscheinen manchmal an der Oberfläche sehr analytisch, da sie ihre tiefen Gefühle, die als »unmännlich« gelten, umgehen wollen. Direkt unter dieser Oberfläche tobt jedoch die emotionale Sturmflut der Vier, die oft im falschen Moment durchbricht und die kalte, analytische Haltung der Vier brüchig werden läßt.

Untertypen

Selbsterhaltung: furchtlos

Die *furchtlose Vier* ist entschlossen, trotz ihrer tragischen Verwundung erfolgreich zu sein. Diese Menschen versuchen leidenschaftlich und grimmig, sich ihren Weg nach oben zu bahnen. Bette Davis, Orson Welles und Peter Lorre haben alle vorstehende Augäpfel, als ob zu viel Druck hinter den Augen sei. Nicht alle furchtlosen Vierer sehen so aus, aber dieses Aussehen repräsentiert gut den Stil der Selbsterhaltungs-Vier. Furchtlos bedeutet: »Ich werde mich durchsetzen.«

Der Stil der furchtlosen Vier kann auch beinhalten, am Rande der Gefahr zu leben. Vierer sind wie Achter der Meinung, daß die normalen Regeln der Gesellschaft für sie nicht gelten. Die Energie der Selbsterhaltungs-Vier steigt, wenn sie gefährlich lebt und ihr Leben auf dem Spiel steht. Für gewöhnlich sind diese Menschen energiegeladen und sehr kreativ. Und doch wirken sie ein bißchen wie Betrunkene auf einem Hochseil.

Orson Welles ist das klassische Beispiel für dieses Syndrom. Als er ein aufsteigender Stern am Himmel Hollywoods war, drehte er *Citizen Kane,* einen großartigen Film über den Zeitungszar William Randolph Hearst. Hearst war einer der mächtigsten Männer an der Westküste Amerikas, was an sich schon ein ziemlich riskantes Thema für das erste große Projekt eines Nachwuchs-Regisseurs ist.

Der Film beginnt mit zwei Ermittlungsbeamten, die versuchen herauszufinden, was Kane meinte, als er sterbend das Wort »Rosebud« (»Rosenknospe«) aussprach. Der ganze Film dreht sich darum, die Bedeutung dieses Wortes zu erforschen. Es stellt sich heraus, daß »Rosebud« der geheime Kosename Hearsts für seine Geliebte Marion Davies war und sich auf ihre Geschlechtsorgane bezog. Irgendwie fand Orson Welles dies heraus und machte es zum Hauptthema seines Films.

Orson Welles' Karriere als Regisseur wäre beinahe ruiniert

gewesen. Das ist der Stil der furchtlosen Vier: gefährlich leben, alles auf eine Karte setzen, ein neues Spiel beginnen.
Francis Ford Coppola ist ein weiteres Beispiel für dieses Phänomen. Sein Film *Der Pate* ist ein großer finanzieller Erfolg. Er hat Millionen Dollars auf der Bank - und setzt alles auf ein neues Spiel.
Auf den ersten Blick können Selbsterhaltungs-Vierer wie Dreier wirken. Oft produzieren sie hart und verbissen. Aber es kommt nicht aus dem Bedürfnis nach Effizienz wie bei der Drei. Es kommt aus dem Gefühl, verwundet zu sein, es aber trotzdem zu schaffen. Wenn man ein bißchen an der Schale kratzt, scheint sofort Traurigkeit durch. Selbsterhaltungs-Vierer leben in dem Empfinden, nicht wirklich gut genug zu sein, tragische Schuld auf sich geladen zu haben.

Sozial: Scham

Die soziale Vier scheint oft die desorientierte Seite der Dichotomie zu vertreten. Man hat das Gefühl, sie gehe in einer Wolke der Verwirrung durchs Leben. Diese Fixierung ist die »implodierteste« des Enneagramms, weil die soziale Vier das Gefühl hat, nirgends hinzugehören. Die *Scham,* die sie in sich spürt, durchdringt alle Lebensbereiche.
Selten findet man eine soziale Vier, die im Licht der Öffentlichkeit steht. Ich glaube, Judy Garland ist so ein seltenes Beispiel.
Wir kennen eine soziale Vier, die nur das allernötigste für Kleidung und Essen ausgibt. Den größten Teil ihres Einkommens trägt sie zur Bank; sie will das Geld ausgeben, wenn »ihr Leben anfängt«.

Sexuell: Wettbewerb

Der *Wettbewerb* der sexuellen Vier mag seine Wurzeln im Penisneid haben. Dieser Wettbewerb durchdringt alle Beziehungen, vor allem aber Liebesbeziehungen. Die sexuelle Vier steht mit dem Partner in ständigem Wettbewerb und versucht, ihn zu übertrumpfen. Wenn der Partner etwas kauft, empfindet sie das dringende Bedürfnis, loszurasen und ebenfalls etwas zu kaufen.

Sexuelle Vierer sind die bestangezogenen Menschen des Enneagramms. Sie verbringen ungeheuer viel Zeit mit persönlicher Pflege und Einkaufen, um ein lässiges, natürliches Aussehen zu kreieren. Die soziale Vier kauft möglicherweise in Secondhand-Läden ein und wartet darauf, daß das Leben endlich beginnt. Die sexuelle Vier ist da brutaler. Diese Menschen lieben es einzukaufen; ihre Garderobe ist erlesen. Prince ist ein sexueller Vierer.

Wenn die sexuelle Vier in einer offenen Beziehung lebt, muß sie stets mehr Liebhaber haben als ihr Partner. Wenn der Partner sich etwas zum Anziehen kauft, gerät die sexuelle Vier vielleicht in Panik, es könnte nicht genug Geld da sein, und sie hat das Bedürfnis, sich auf der Stelle auch etwas zu kaufen, bevor das Geld ausgeht.

Auf der analytischen Seite der Dichotomie präsentiert sich die sexuelle Vier oft als klar denkend und eigenwillig. Joni Mitchell ist ein gutes Beispiel für den einzigartigen Stil der sexuellen Vier.

Beispiele

Es gibt einen exzellenten Film über das Leben von Yukio Mishima. Mishima wurde von Frauen großgezogen und sehnte sich nach dem Vater, den er nie gehabt hatte. Er wurde Schriftsteller und politischer Abenteurer und schuf sich eine eigene Privatarmee in Japan. Die Uniformen seiner Männer

waren exquisit. Er benutzte die japanische Gesellschaft als gigantische Bühne, auf der er das Melodrama seines Lebens aufführte.
Er inszenierte die Besetzung des Parlaments durch seine Armee, um seine romantischen Ideen publik zu machen, die zur Rückkehr zu einer heiligen Samurai-Kultur aufriefen. Er sehnte sich nach den Tagen des Rittertums und der Tapferkeit, in denen für ihn die Reinheit der japanischen Geisteskraft lag. Sein heimlicher Hang zu ausgefallenem Sex und zur Selbstverstümmelung spiegelt vielleicht die Manifestation der versteckten, dunklen Narbe der Vier. Er machte seinem Leben ein Ende, indem er seinen Selbstmord als öffentliches Medienereignis in Szene setzte.

Von R. D. Laing: Liebst du mich?

Sie: Liebst du mich?
Er: Ja, ich liebe dich.
Sie: Mehr als alle anderen?
Er: Ja, mehr als alle anderen.
Sie: Mehr als die ganze Welt?
Er: Ja, mehr als die ganze Welt.
Sie: Magst du mich?
Er: Ja, ich mag dich.
Sie: Bist du gerne in meiner Nähe?
Er: Ja, ich bin gerne in deiner Nähe.
Sie: Siehst du mich gerne an?
Er: Ja, ich sehe dich gerne an.
Sie: Hältst du mich für dumm?
Er: Nein, ich halte dich nicht für dumm.
Sie: Findest du mich attraktiv?
Er: Ja, ich finde dich attraktiv.
Sie: Langweile ich dich?
Er: Nein, du langweilst mich nicht.
Sie: Gefallen dir meine Augenbrauen?
Er: Ja, deine Augenbrauen gefallen mir.

Sie: Sehr?
Er: Sehr.
Sie: Welche gefällt dir besser?
Er: Wenn ich sage, daß mir die eine besser gefällt, dann wird die andere eifersüchtig.
Sie: Du mußt es sagen.
Er: Sie sind beide entzückend.
Sie: Ehrlich?
Er: Ehrlich.
Sie: Habe ich schöne Wimpern?
Er: Ja, du hast schöne Wimpern.
Sie: Riechst du mich gerne?
Er: Ja, ich rieche dich gerne.
Sie: Magst du mein Parfum?
Er: Ja, ich mag dein Parfum.
Sie: Findest du, daß ich Geschmack habe?
Er: Ja, du hast Geschmack.
Sie: Findest du, daß ich talentiert bin?
Er: Ja, ich finde, du bist talentiert.
Sie: Findest du, daß ich faul bin?
Er: Nein, ich finde nicht, daß du faul bist.
Sie: Berührst du mich gerne?
Er: Ja, ich berühre dich gerne.
Sie: Findest du mich komisch?
Er: Nur auf nette Art.
Sie: Machst du dich über mich lustig?
Er: Nein, ich mache mich nicht über dich lustig.
Sie: Liebst du mich wirklich?
Er: Ja, ich liebe dich wirklich.
Sie: Sag: »Ich liebe dich.«
Er: Ich liebe dich.
Sie: Willst du mich in den Arm nehmen?
Er: Ja, ich will dich in den Arm nehmen und mit dir schmusen und turteln.
Sie: Ist alles gut so?
Er: Ja, es ist alles gut so.

Sie: Schwöre, daß du mich nie verläßt.
Er: Ich schwöre, daß ich dich nie verlasse, und ich will tot umfallen, wenn ich lüge.
(Pause)
Sie: Liebst du mich wirklich?

Die höhere Oktave

In der höheren Oktave ist hier das Zuhause des *Künstlers*. Der Weg ist *Gleichmut,* und die heilige Idee heißt *Ursprung*. Ursprung bedeutet für die Vier, wieder zu ihren Wurzeln zurückzufinden. Die Selbsterhaltungs-Vier scheint das Gefühl des Abgeschnittenseins schon im Mutterleib zu erleben. Vertreter der anderen Untertypen berichten von positiven vorgeburtlichen Erfahrungen.
Trancearbeit ist sehr wertvoll, wenn man mit Vierern arbeitet. Im bildhaften Erleben der Verbundenheit mit der Erde und dem Himmel als der Urmutter und dem Urvater liegt ein Schlüssel zur emotionalen Gesundheit der Vier. Die heilige Idee bedeutet für die Vier, sich mit dem Kosmos verbunden zu fühlen.
Gleichmut heißt, daß das Leben auch ohne emotionale Berg-und-Tal-Fahrten sehr reich und lebendig sein kann. Die Selbsterhaltungs-Vier lebt ihre emotionale Unbeständigkeit aus, indem sie immer wieder alles auf eine Karte setzt. Alle Vierer manifestieren diese explosive Qualität des Lebens am Rande des Abgrunds in ihren Beziehungen. Emotionale Ausbrüche geben ihnen das Gefühl, lebendig zu sein. Außerdem haben sie eine sado-masochistische Vorliebe für gebrochene Herzen. Für die Vier ist es wichtig, daß du sie hartnäckig um ihrer selbst willen liebst, auch wenn sie sich alle Mühe gibt, dich zu vertreiben. Die Vier glaubt, daß du sie verlassen würdest, solltest du je nahe genug an sie herankommen, um ihr eigentliches Wesen zu erkennen. Also vertreibt sie dich, bevor das gesche-

hen kann. Ein Schlüssel für die Arbeit mit der Vierer-Persönlichkeit liegt im Heilen der Angst, verlassen zu werden.
In dieser Fixierung ist die Kunst zu Hause. Vierer besitzen von Natur aus einen verfeinerten Sinn für Ästhetik. Wenn sie sich ihrer heiligen Aufgabe stellen, erheben sie die natürliche Schönheit des Universums und des menschlichen Körpers zur Kunstform.

Fragen zur Identifizierung von Punkt Vier

1. Ist dein Leben oft von einer grundlegenden Traurigkeit durchdrungen?
2. Sehen Menschen oder Dinge oft in der Zukunft besser aus?
3. Denkst du oft nostalgisch an vergangene Romanzen zurück?
4. Würdest du dich als besonders sensibel bezeichnen?
5. Wirft man dir vor, in deinen persönlichen Beziehungen besonders dramatisch zu sein?
6. Schätzt du dein feines Gefühl für Stil?
7. Nimmst du die Stimmungen anderer in dich auf?
8. Halten andere Menschen dich manchmal für unnahbar?
9. Hast du Freude an theatralischen, tänzerischen oder anderen künstlerischen Formen des Selbstausdrucks?
10. Ist es dir wichtig, schön und natürlich auszusehen?
11. Bist du in Beziehungen derjenige, der Liebe und Zuwendung braucht?
12. Glaubst du, daß andere Menschen deine tiefen Gefühle mißverstehen?
13. Hast du Angst, in Liebesbeziehungen verlassen zu werden?

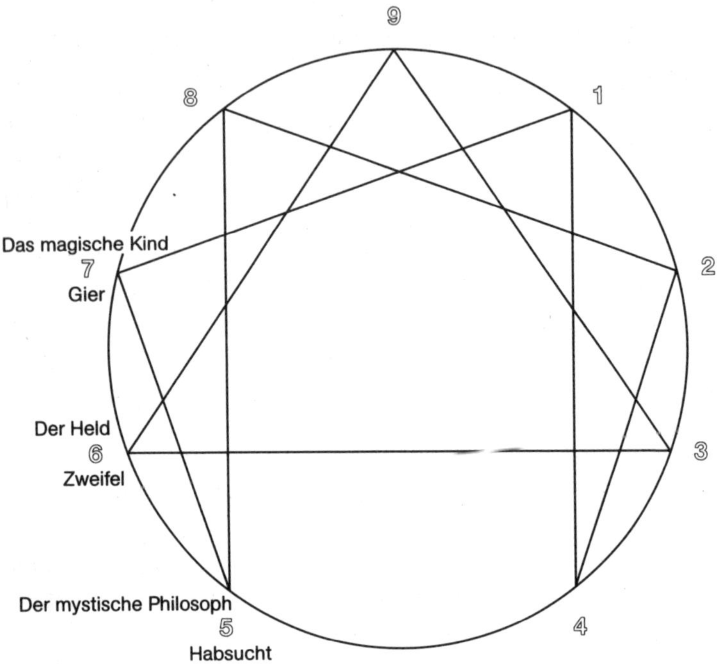

Abbildung 5: Die Paranoid-Schizophrenen - die Angst-Punkte

3. Die Paranoid-Schizophrenen - Die Angst-Punkte

Bei den Angst-Punkten kristallisiert sich die Fixierung im mentalen Körper. Der Verstand wird hier benutzt, um sich vor einer bedrohlichen Welt zu schützen. Bei den Angst-Punkten gibt es eine Tendenz, sich von den anderen Menschen zurückzuziehen.

Man nennt diese Gruppe auch »die Gruppe des Handelns«. Diese Menschen leben in einer starken Polarität zwischen Denken und Tun. Sie sind so in ihrer inneren Welt versunken, daß sie oft Schwierigkeiten haben, entschlossen zu handeln.

Die Sechs versteckt sich hinter ihren Glaubenssätzen, um sich nicht mit ihren Ur-Instinkten auseinandersetzen zu müssen. Auf diese Weise verliert sie die instinktive Verbindung mit der Welt. Und daraus entstehen dann Zweifel und zaghaftes Verhalten.

Die Fünf sammelt Informationen und Wissen, um sich damit vor der Außenwelt zu schützen, die ihr bedrohlich und überwältigend erscheint. Sie fühlt sich in Beziehungen zu anderen unter Druck gesetzt und zieht sich in eine innere, geistige Welt zurück.

Die Sieben stellt laterale Verbindungen zwischen Dingen her, die nicht miteinander in Beziehung stehen, um ein verwirrendes Schauspiel der Virtuosität zu kreieren. Auf diese Art lenkt die Sieben sowohl den Zuhörer als auch sich selbst von tiefem, emotionalem Kontakt ab. So vermeidet die Sieben Schmerz. Sie fürchtet, ihren Platz in Gottes Plan zu verlieren, und reagiert mit einer Überkompensation von Plänen und Optionen. Sie will als Instrument für den Willen Gottes verfügbar sein und vermeidet, selbst die Initiative zu ergreifen.

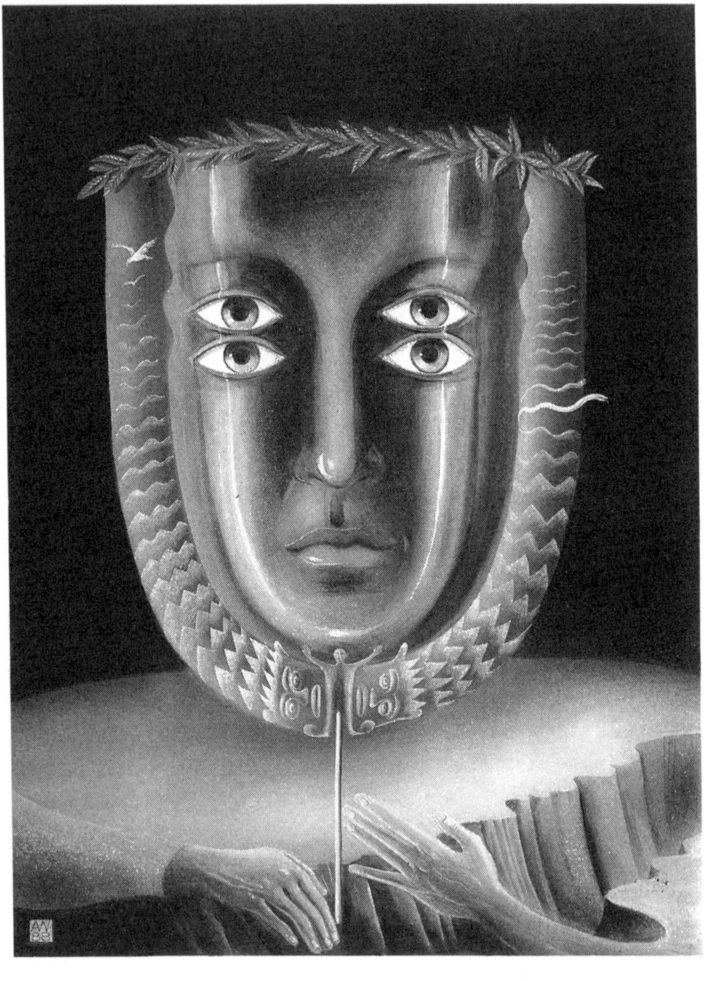

der Held

Der Held

Punkt Sechs: Die paranoide Persönlichkeit
Der zentrale Angst-Punkt

Höhere Oktave:	**Der Held**
Heilige Idee:	Vertrauen
Heiliger Weg:	Mut

Untere Oktave:	**Die paranoide Persönlichkeit**
Leidenschaft:	**Zweifel**
Idealisierung:	Ich bin loyal
Redestil:	Grenzen setzen
Falle:	Sicherheit
Abwehrmechanismus:	Projektion
Vermeidung:	Abweichendes Verhalten
Dichotomie:	Antreiben/sich unterwerfen
Beispiele:	Woody Allen, Sigmund Freud, Adolf Hitler, Steve McQueen, Humphrey Bogart, Krishnamurti, Lenin, Hamlet, Napoleon, William Buckley, Oliver North, Gloria Steinem, Jim Jones

Die Sechs ist der zentrale Angst-Punkt. Im zentralen Zorn-Punkt scheint der Zorn zu fehlen, im zentralen Hysterie-Punkt die Hysterie, und hier, im zentralen Angst-Punkt, scheint Angst nicht manifestiert zu werden.
Sechser leben im mentalen Körper, um Angst zu vermeiden. Psychologie und Vorliebe für kalte Logik sind hier zu Hause. Schachspieler und der innere Dialog gehören hierher. Sechser versuchen ständig, die Welt verstandesmäßig zu begreifen und führen zu diesem Zweck endlose Selbstgespräche.
Da sie so kopflastig sind, haben sie den Kontakt zu ihren Emotionen und zum Körper verloren. Daraus entsteht Unsicherheit und Zweifel. Das Problem der Sechs ist es, zur Tat zu schreiten. Gewöhnlich liegen zwischen einer Idee und der Ausführung tausend Überlegungen.
Um den Zustand, in dem die Sechs lebt, verstehen zu können, stelle dir folgendes vor: Du schläfst in einem Landhaus in einer stürmischen Nacht. Du bist im ersten Stock im Schlafzimmer, und du bist ganz allein im Haus. Plötzlich schreckst du aus dem Schlaf hoch, weil du glaubst, unten im Haus ein Geräusch, einen Schritt, gehört zu haben. Du bist dir nicht ganz sicher, ob du etwas gehört hast oder nicht. Du liegst im Bett, hältst den Atem an und lauschst nervös auf jedes Geräusch. Das ist ungefähr die Situation der Sechs. Sie lauert ununterbrochen auf die kommende Gefahr, wartet darauf, den nächsten Schritt zu hören, kämpft mit Erschöpfung und ist handlungsunfähig. Wenn sie dann den nächsten Schritt hört, wenn das Geräusch bestätigt ist, dann kann die Sechs handeln. Sobald die Gefahr real und definiert ist, wird die Sechs zum Helden. Daher sind viele Sechser Ambulanz-Fahrer, Krankenhausangestellte in der Notaufnahme oder Profi-Sportler. Im Angesicht wirklicher und gegenwärtiger Gefahr kann die Sechs endlich handeln.
Wenn die Sechs nicht unmittelbar der Gefahr gegenübersteht und in keine organisierte Struktur eingebunden ist, der sie Loyalität entgegenbringt, besteht ihr Lebensmuster aus einer Art »stotterndem« Verhalten. Fehlstarts und abrupte Stopps

können ihr das Leben schwermachen. Einer meiner Klienten absolvierte drei verschiedene Studiengänge, aber in keinem davon schrieb er die Examensarbeit. Sechser brechen berufliche Karrieren oft mittendrin ab und versuchen etwas Neues.
Die Strategie, die die Sechs entwickelt, um die vielen Fehlstarts und Stopps zu vermeiden, liegt in der Loyalität gegenüber einer Organisation. Sechser sind gern beim Militär, bei der Polizei oder treiben Mannschaftssport. Loyalität und Pflichtbewußtsein der Organisation gegenüber halten die Sechs bei der Stange. Ein Sechser, der ein erfolgreicher kleiner Geschäftsmann war, arbeitete sein ganzes Leben lang und versäumte kaum einen Arbeitstag aus Pflichtgefühl seiner Familie gegenüber und aus Loyalität für die Organisation, für die er die Verantwortung trug. Dabei unterstützte ihn sein Vater, ein Achter, der sein Geschäftspartner war.
Organisationen und Strukturen können die Sechs zwar funktionstüchtig erhalten, aber im allgemeinen hält die Sechs Autorität für inkompetent. Sechser mögen der Autorität die Kompetenz absprechen, aber sie fürchten sich davor, zu sehr an der Autorität zu rütteln. Sie haben Angst, durch zu starkes Rütteln könne die Struktur zerfallen, was zum Chaos führen würde. Hier haben wir das, was Freud die Angst vor dem »Es« nannte, wobei das Es symbolisch als ungeschlachtes, haariges Ungeheuer aus der Tiefe erscheint, das vom Ego unter Verschluß gehalten werden muß. Daher schießen Sechser ständig mit Platzpatronen auf die Autorität. Sechser schimpfen über die Armee und verpflichten sich dann weiter. Sie lieben eine klare Hackordnung. Sie reflektiert auch die innere Ordnung, die benötigt wird, um die gefürchteten Urtriebe unter Kontrolle zu halten.
Da Sechser den Körper als Instrument des Verstandes betrachten, findet man hier viele Profi-Sportler. Die physische Entladung beim Sport leitet einen Teil der paranoiden Energie ab. Man findet hier Wettläufer, die laufsüchtig sind, und Karatekämpfer mit dem scharzen Gürtel. In den Kampfkünsten und anderen Sportarten ist der Kampfbereich klar umrissen, und

das erlaubt der Sechs, sich zu konzentrieren und etwas zu leisten.
Freud war eine Sechs, und man kann sagen, daß die gesamte Freudsche Psychologie die Struktur eines Sechsers widerspiegelt, der hysterische Frauen analysiert.
Oft sind Sechser an ihrem Lächeln zu erkennen. Sie können die Tendenz haben, ohne offensichtlichen Grund zu lächeln. Mit dieser Strategie versuchen sie, Gefahr abzuwenden. Die Augen bleiben oft unbeteiligt, wenn die Sechs lächelt, sie suchen immer noch die Gefahr. Das kann man auf Fotografien von Freud, aber auch von Hitler sehen.
Da Sechser immer auf der Suche nach Bedrohung sind, gehören sie zu den besten Beobachtern innerhalb des Enneagramms. Übersinnliche Fähigkeiten sind hier ebenso zu Hause wie Paranoia. Sechser schauen ständig hinter die Kulissen, um die wahre Bedeutung der Dinge zu erkennen. Sie ignorieren oder übersehen die vordergründige Information nicht, aber sie halten nach der wirklichen Bedeutung Ausschau, die hinter dem Offensichtlichen liegt.

Leidenschaft

Die Leidenschaft, die die Maschinerie der Sechs antreibt, heißt *Zweifel.* Zweifel liegt für die Sechs in allem. Zuerst manifestiert sich der Zweifel im inneren Dialog, wenn die Sechs sich selbst und die Welt anzweifelt. Wenn Sechser vom System des Enneagramms hören, bezweifeln sie meist, daß sie Sechser sind. Sie rebellieren erst einmal gegen den Gedanken, in eine Schublade logischer Kategorien gesteckt zu werden. Sie erklären, daß sie es nicht mögen, klassifiziert zu werden. Wenn sie dann beschlossen haben, dem System die Chance zu geben, sich zu beweisen, sind sie sich im allgemeinen schnell darüber im klaren, daß sie keine Sechser sind. Denn in Wahrheit sind sie sich weit mehr ihres Zornes bewußt als ihrer Angst. Selbsterhaltungs-Sechser sind sich vielleicht mehr darüber im klaren,

daß sie das Bedürfnis haben, anderen Menschen zu helfen, als darüber, daß sie Angst haben.
Die Leidenschaft des Zweifelns manifestiert sich in der Unfähigkeit der Sechs, in Schwung zu kommen. Im Zögern der Sechs wird das Dilemma Hamlets vom Sein oder Nichtsein ausgelebt. Die Sechs zweifelt an ihren eigenen Fähigkeiten und daran, daß die Wahl, die sie trifft, die richtige ist. Und dann zweifelt sie an ihren Zweifeln. Da die Sechs in der Welt des Geistes lebt, in der die Möglichkeiten unbegrenzt sind, fehlt ihr die Grundlage zur Überprüfung von Realität. Statt ein intuitives Gefühl für etwas zu bekommen und aus diesem Gefühl heraus zu handeln, vermeidet die Sechs intuitive Gefühle, um damit auch Angst und abweichendes Verhalten zu vermeiden, das aus den Urtrieben entstehen könnte.

Kindheit

Oft war ein Elternteil inkompetent, gewöhlich der Vater. Der Vater war vielleicht Alkoholiker, beruflich ein Versager oder er lebte getrennt von der Familie. Eine Sechs erzählte, daß ihr Vater mit seinem Geschäft bankrott ging, als sie sechs Jahre alt war. Sie arbeitete als Babysitter, um zum Unterhalt der Familie beizutragen.
Sechser berichten häufig, daß sie schon im Alter von fünf oder sechs Jahren für ihre Mutter sorgen mußten. Oft sehen sie sich gezwungen, eine Erwachsenenrolle zu übernehmen, bevor sie sich dafür reif fühlen. Aus der Inkompetenz, die sie spüren, wenn sie die Rolle des Vaters spielen, entsteht dann der Zweifel der Sechs. Die Inkompetenz des einen Elternteils führt dazu, daß die Sechs später der Kompetenz jeglicher Autorität mißtraut. Aus alldem ergibt sich, daß die Sechs an sich und der Welt zweifelt und glaubt, die Dinge seien nicht, was sie scheinen.
Sechser berichten häufig von einem Familiengeheimnis in ihrer Kindheit. Es kann sich darum handeln, daß die Mutter

Alkoholikerin ist oder daß eines der Kinder adoptiert wurde. Die Sechs, deren Vater bankrott gegangen war, erzählte, wie sie in eine andere Stadt umzogen und dort allen sagten, der Vater hätte sein Geschäft verkauft, um hierher ziehen zu können. Dieses Familiengeheimnis schafft eine Notstands-Mentalität. Die Familienmitglieder halten in großer Loyalität zusammen und wachen achtsam darüber, daß niemand außerhalb der Gruppe das Geheimnis entdeckt.

Für die Selbsterhaltungs-Sechs ging es in der frühen Kindheit oft um Leben und Tod. Wir kennen eine Selbsterhaltungs-Sechs, die an Asthma litt und beinahe gestorben wäre. Eine andere erstickte fast in der Wiege. Als sie die Erinnerung noch einmal durchlebte, fühlte sie, daß niemand da war, der kompetent war zu helfen. Die Sechs mußte um Hilfe schreien, um ihr Überleben zu sichern.

Bei der sexuellen Sechs findet man manchmal ein schweres Geburtstrauma. Die Todesnähe in Verbindung mit Blut und Sexualorganen läßt eine tiefe Furcht in bezug auf Sex und Tod entstehen.

In fast jeder Sechser-Kindheit ist die Angst vorm »schwarzen Mann« präsent. Die Sechs fürchtet sich vor ihren eigenen Gedanken. Dann verurteilt das Kind sich und seine empfundene Fähigkeit, andere mit Gedanken zu verletzen. Dieser Prozeß sorgt dafür, daß die schlechten Gedanken aus dem Bewußtsein verbannt werden. Aber das Unterbewußtsein beginnt die Sechs zu quälen, und dadurch wird ihre Handlungsfähigkeit noch mehr behindert.

Idealisierung

Die Sechs idealisiert: *Ich bin loyal.* Sie beginnt damit in sehr jungen Jahren im Rahmen der Familie. Diese Loyalität der Familie gegenüber hält die Sechs oft ihr ganzes Leben lang aufrecht. Wenn die Sechs einer Gruppe oder Organisation angehört, überträgt sie die Loyalität auf diese. Mannschaftsspieler

gehören hierher. Die Sechs glaubt: »Wenn wir alle zusammenhalten, können wir es noch einmal schaffen.« Die tiefe Loyalität der Sechs entsteht aus dem Gefühl, mit den anderen einen Schützengraben an der Front zu teilen.
Marineoffizier Colonel Oliver North war ein loyaler Sechser im Dienste von Präsident Reagan. Um seinen Oberkommandeur zu beschützen, ließ sich North gerne heldenhaft für ihn an den Pranger stellen. So schützte er die illegalen Aktivitäten des Präsidenten in bezug auf Waffenverkäufe an den Iran und an die Terroristen in Nicaragua, indem er die volle Verantwortung dafür übernahm.
Die Kehrseite dieser Loyalität ist Verrat. Solange die Sechs die Loyalität der Gruppe spürt, wird sie loyal bleiben. Aber wenn sie glaubt, von der Gruppe verraten worden zu sein, kann das der Anlaß für sie sein, nun ihrerseits die Gruppe zu verraten.
Humphrey Bogart stellt in dem Film *Der Schatz der Sierra Madre* brillant das Dilemma der loyalen Sechs dar. Bogart spielt einen heruntergekommenen Landstreicher in Mexiko, der in der Sierra Madre Gold findet. Er schwört den anderen Mitgliedern des Goldsuchertrupps zu Beginn der Unternehmung Loyalität, aber je mehr ihr Reichtum wächst, desto größer wird auch seine Paranoia. Da er glaubt, daß die anderen ihn betrügen wollen, betrügt er sie und macht sich allein mit dem Gold aus dem Staub. Die Szene, in der er den Berg hinuntergeht und mit sich selber spricht, ist das klassische Porträt einer Sechs, mit der es bergab geht.

Redestil

Der Redestil der Sechs heißt *Grenzen setzen.* Das bedeutet, die Dinge in Dimensionen zu halten, in denen man gut mit ihnen fertig wird. Dem grandiosen Denken der Acht zum Beispiel setzt die Sechs den Wunsch entgegen, die Dinge auf handliche Proportionen zu beschränken. Woody Allen sagt, daß er Low-Budget-Filme bevorzugt. Am liebsten benutzt er als Drehort

nur ein einziges Apartment. Wenn er seine Projekte klein hält, wird ihn das Studio auch dann weitermachen lassen, wenn die Filme nicht das große Geld einspielen, erklärt er dazu.
Eine Sechs sagte: »Ich betrachte mich als jemanden, der an der Autorität rüttelt, aber ohne dabei verrückt zu spielen, denn sonst hätte ich meine Zweifel an den anderen Verrückten, mit denen ich zusammen bin. Wenn sie loyal sind und ich klare Grenzen setzen kann, bin ich bereit, mich voll einzusetzen, aber ich will mich keinen Verrücktheiten ausliefern. Ich muß wissen, wohin ich gehe.«

Falle

Die Falle der Sechs heißt *Sicherheit.* Die Sechs verzichtet auf Ausflüge ins Ungewisse zugunsten der Sicherheit einer anerkannten Struktur. Wenn sie sich einem Risiko gegenübersieht, entscheidet die Sechs nach dem Gesichtspunkt der Sicherheit, ob sie handeln soll oder nicht, und das führt zu Zweifeln und Zögern. Sicherheit bedeutet für die Sechs, zu wissen, daß sich Risiko und unbekannte Größen bei der Sache, die sie ins Auge faßt, in Grenzen halten. Wenn die Sechs Optionen und mögliche Konsequenzen im voraus kennt, fühlt sie sich in Sicherheit. Doch dazu ist es nötig, die Zukunft zu kennen, und dies führt unweigerlich zu Zweifeln. Eine Sechs sagte: »Ich muß mich sicher fühlen, bevor ich mich überhaupt bewegen kann.«

Abwehrmechanismus

Der Abwehrmechanismus der Sechs ist *Projektion.* Das weiter oben genannte Beispiel mit Humphrey Bogart beschreibt das sehr gut. Bogart giert nach dem Gold, er wird paranoid und projiziert seine Gier auf die anderen. Er projiziert auf seine Kameraden den Wunsch, ihn zu betrügen, und dann betrügt er sie. Sechser können feindselige Motive auf ihre Umwelt proji-

zieren, um Gefühle der Angst und des Mißtrauens zu kompensieren.
Da die Sechs ständig an allem zweifelt und nach versteckten Bedeutungen Ausschau hält, hat sie die Tendenz, versteckte Motive auf das Verhalten anderer zu projizieren. Ein Sechser, der in die Sekretärin des Chefs verknallt ist, grübelt vielleicht: »Warum hat er mir wohl die Gehaltserhöhung gegeben? Möglicherweise hat er ein Auge auf seine Sekretärin geworfen und will mir nur den Mund stopfen.«

Vermeidung

Sechser vermeiden *abweichendes Verhalten*. Sie empfinden tiefe Furcht vor dem vielgestaltigen, perversen Es. Die ursprüngliche sexuelle Energie wird für eine unberechenbare, wilde Kraft gehalten. Wenn man dieser Kraft erlauben würde, sich frei zu manifestieren, könnte abweichendes Verhalten die Folge sein. Dieser Furcht setzen Sechser manchmal gezwungene Prahlerei und Macho-Gehabe entgegen. Die amerikanischen TV-Werbespots für Bier sind ein gutes Beispiel. Die Jungs stehen an der Bar, erzählen schmutzige Witze, zerdrükken die Bierdosen mit der bloßen Hand und spucken auf den Boden. Solche Leute stellen ihre Männlichkeit unter Beweis, es könnten auch Motorradpolizisten und Soldatenausbilder sein.
Eine weibliche Sechs, die an einer Grundschule Kunsterziehung unterrichtet, sagte mir einmal, sie habe das Gefühl, sie würde zur Hure werden, wenn sie ihrer Sexualität freien Lauf ließe.
Alle paar Jahre schlägt der Polizeinachwuchs in San Francisco über die Stränge. Die frischgebackenen Polizisten feiern anläßlich ihrer Entlassung aus der Polizeiakademie eine Party. Beim letzten Mal fesselten sie einen Klassenkameraden mit Handschellen an einen Stuhl, der auf einer Bühne stand, und

ließen eine Prostituierte kommen, die Fellatio an ihm praktizierte.
Neulinge in der Armee werden manchmal von einer Panik in bezug auf Homosexualität erfaßt. Plötzlich sind sie mit all diesen Männern zusammen, sie sehen sie alle nackt unter der Dusche, und das erregt sie und macht ihnen angst.
Da tiefe, ursprüngliche Emotionen vermieden werden, um dadurch Angst und abweichendes Verhalten zu vermeiden, kann es zu unberechenbaren Erektionen und Orgasmusschwierigkeiten kommen. Diese Umstände hängen auch mit dem dissoziativen Effekt des inneren Dialogs zusammen.

Dichotomie

Die Dichotomie heißt *antreiben/sich unterwerfen.* In beidem liegt eine Strategie, um mit Bedrohung fertigzuwerden. Die antreibende Sechs kann sich konfrontativ und kriegerisch geben, um in dieser Haltung Bedrohungen abzuwenden. Die deutsche Kultur ist eine Sechser-Kultur, ihre Haltung ist die der antreibenden Sechs. Nach außen hin kann die auf dieser Seite der Dichotomie manifestierte Sechs Fremden gegenüber finster, feindselig und kriegerisch auftreten. Doch sobald sie sich einer überlegenen Autorität gegenübersieht, bricht diese Haltung schnell zusammen und wandelt sich in Unterwerfung. Das Militär und die Polizei repräsentieren den Stil der antreibenden Sechs. Die Angst vor der lauernden Gefahr wird hier überwunden, indem man den knallharten Mann spielt. Ein Beispiel dafür ist der Karate-Champion mit dem schwarzen Gürtel, der durch zwielichtige Stadtviertel schlendert.
Die sich unterwerfende Sechs ist im Gegensatz dazu daran interessiert, Bündnisse zu schließen, um so die Bedrohung abzuwenden. Viele Selbsterhaltungs-Sechser manifestieren diese Seite der Dichotomie, so zum Beispiel Woody Allen. Sie wirken harmlos und bieten dir ihre Loyalität und ihre Kooperation an.

Untertypen

Selbsterhaltung: Wärme

Die Untertypen der Sechs unterscheiden sich mehr voneinander als die Untertypen der meisten anderen Fixierungen. Die *warme* Sechs kann manchmal wie eine Zwei wirken. Diese Menschen sind warmherzig und fürsorglich, sie wenden die Bedrohung durch Harmlosigkeit ab. Manchmal werden sie mit Kaninchen verglichen. Sie helfen ihren Mitmenschen. Woody Allen personifiziert diesen Untertyp. Stil und Stimmung seiner Filme sind von einem Gefühl fürsorglicher Wärme durchdrungen. Oft finden sich weibliche Therapeuten in dieser Kategorie. Häufig halten sie sich zuerst fälschlicherweise für Zweier; aber im allgemeinen sind sie nervöser als Zweier. Angst wird hier auf andere projiziert. Die selbstlose jüdische Mutter, die oft für eine Zwei gehalten wird, ist in Wahrheit eine warme Sechs.

Sozial: Pflicht

Hier ist das Zuhause des Motorradpolizisten. Die äußere Erscheinung der sozialen Sechs wirkt oft nüchtern und glatt. Man findet hier kurzgestutzte Schnurrbärte und sehr ordentlich geschnittene Haare, die manchmal den helmartigen Frisuren vieler Einser ähneln. *Pflicht* ist die Hauptantriebskraft im Leben der sozialen Sechs, und immer besitzt sie ein starkes Pflichtgefühl gegenüber der Familie.

Eine weibliche soziale Sechs erzählte, sie hätte nie einen Liebhaber gehabt, der nicht bereits verheiratet gewesen wäre. Sie fürchtete, daß ihr Pflichtgefühl ihre Karriere zerstören würde, sollte sie je heiraten und Kinder bekommen.

Soziale Sechser, die längst erwachsen sind, haben fast immer noch eine enge Beziehung zu ihren Eltern und setzen sich mit

elterlichen Autoritätskonflikten auseinander. Mit vierzig können sie immer noch mit den Eltern darüber streiten, ob sie zu Weihnachten »heimkommen«. In den meisten Fällen tun sie ihre Pflicht, ob es ihnen gefällt oder nicht.
Wir sprachen bereits von dem Sechser, der sein ganzes Leben lang arbeitete und keinen Arbeitstag versäumte. Er ist jetzt pensioniert, und sein Vater ist über neunzig. Sie streiten unausgesetzt miteinander. Der Sechser spielt immer noch die Rolle des pflichtbewußten Sohnes, und er läßt sich immer noch von seinem Vater, einem Achter, beschimpfen.

Sexuell: Stärke/Schönheit

Sexuelle Sechser sind immer entweder *stark* oder *schön* oder beides. Und sie verbünden sich mit Partnern, die ebenfalls stark oder schön sind. Manche sexuellen Sechser verhalten sich »kontraphobisch«. Das heißt, sie fühlen sich von genau der Gefahr, die sie fürchten, angezogen. Alle Sechser, auf die das zutrifft, gehören dem sexuellen Untertyp an. Drachenflieger, Bergsteiger und Stuntmen fallen in diese Kategorie.
Evil Kneivel ist vielleicht die berühmteste kontraphobische Sechs in unserem Kulturkreis. Er ist ein Mann, der sich mit verrückten, todesmutigen Stunts einen Namen machte und so seinen Lebensunterhalt verdiente. Einmal versuchte er erfolglos, eine Gebirgsschlucht mit einem Motorrad zu überspringen und kam dabei fast zu Tode - was ihn nicht daran hinderte, es noch einmal zu versuchen. Er wurde von Kanonenkugeln angeschossen und zog sich unzählbare Knochenbrüche zu. Er brach sich das Genick, die Wirbelsäule und jeden anderen Teil seines Körpers. Trotzdem machte er weiter.
Ein sexueller Sechser in einem meiner Workshops war Skilehrer. Er behauptete, stärker zu sein als drei andere Männer zusammengenommen. Er sagte, er könne auf den Skiern die tollsten und gefährlichsten Kunststücke vollbringen, aber er fürchtete sich davor, eine Frau um ein Rendezvous zu bitten.

Die sexuelle Sechs kann manchmal die am schwersten zu identifizierende Fixierung des Enneagramms sein. Viele Menschen legen sich den Stil anderer Fixierungen zu und erkennen ihre wirkliche Fixierung vielleicht nicht auf den ersten Blick, wenn sie von diesem System hören. Neuner, die in Motorradgangs leben, sind ein Beispiel. Aber ich bin der Meinung, daß sich die sexuelle Sechs die vielfältigsten Verkleidungen zugelegt hat - um die mit Sex und Tod verbundene Angst zu vermeiden.
Ich kenne eine sexuelle Sechs, die sich sicher ist, eine Zwei zu sein. Sie betrachtet sich als hilfreich ihren Mitmenschen gegenüber und reagiert empört, wenn man andeutet, sie könne eine Sechs sein. Eine andere weibliche Sechs begann eine Therapie in der Meinung, sie sei eine Vier. Sie war Künstlerin, ein gefühlvoller, melancholischer und launischer Mensch - jedenfalls keine Sechs, wie sie meinte. Männliche sexuelle Sechser halten sich manchmal für Macho-Achter. Ein sexueller Sechser, ein Aikido-Lehrer mit schwarzem Gürtel, ist sich sicher, eine Sieben zu sein.

Beispiele

Interessanterweise sind sowohl die jüdische als auch die deutsche Kultur Sechser-Kulturen. Deutschland repräsentiert die soziale Sechs. Pflichtgefühl gegenüber der Familie und dem Vaterland drücken sich in der germanischen Haltung aus. Der Stil ist hier der der antreibenden Sechs. Wenn die Menschen die Straße entlanggehen, vermeiden sie Blickkontakt. Die soziale Maske drückt eine gewisse Grimmigkeit aus. Natürlich ist die deutsche Sprache selbst die Sprache der Logik und der Wissenschaft. Hitlers Anziehungskraft fußte auf paranoiden Bedrohungen von »außen« und »anderen«, die das Vaterland unsicher machten. Außerdem fand eine starke sexuelle Projektion statt, als Hitler sich um die Entehrung der deutschen Weiblichkeit Sorgen machte.

Die europäisch-jüdische Kultur hingegen repräsentiert die »warme« Sechs (Selbsterhaltungs-Sechs). Es entspricht dem traditionellen europäisch-jüdischen Stil, das Lernen und den Intellekt hochzuhalten, und so wird den ganzen Tag studiert und über abstrakte Ideen debattiert. Paranoia besteht hier vielleicht zu Recht. Die fürsorgliche Wärme der Familie zentriert sich in der jüdischen Mutter. Der Stil dieser Kultur ist der der sich unterwerfenden Sechs: Man versucht, der Bedrohung zu entgehen, indem man harmlos wirkt.

Dan White, ein sozialer Sechser, liefert ein klassisches Beispiel für den psychotischen Zusammenbruch, der bei Sechsern manchmal vorkommt. Dan White diente in der Armee, wurde dann Feuerwehrmann und schließlich Polizist. Er kandidierte erfolgreich für den Stadtrat von San Francisco. Nach einer Weile trat er von seinem Amt zurück, da er zuwenig Geld verdiente, um seine Familie zu ernähren. Fast unmittelbar nach seinem Rücktritt gab Bürgermeister Moscone Whites Sitz an einen Mann, der als erster Politiker offen zu seiner Homosexualität stand. Dieser Umstand berührte White tief im Unbewußten. Er versuchte, seinen Rücktritt rückgängig zu machen und verlangte seinen Sitz zurück. Als er nicht bekam, was er wollte, ging er zum Rathaus und erschoß den Bürgermeister und den Mann, der seinen Platz einnehmen sollte.

Jim Jones, ebenfalls ein Sechser, war ursprünglich der Anführer einer sozialen kirchlichen Bewegung. Schließlich ging er mit seiner Gemeinde nach Südamerika in den Dschungel von Guyana. Dort erfaßte ihn wachsende Paranoia. Erst glaubte er, die Regierung von Guyana sei hinter ihm her, dann glaubte er, die amerikanische Regierung sei hinter ihm her. Als die Vereinigten Staaten den Kongreßmann Ryan losschickten, um Nachforschungen anzustellen, wurde dieser erschossen. Danach begingen Jones und fast die gesamte Kirchengemeinde gemeinsam rituellen Selbstmord.

Der Marlboro-Reklame-Mann ist eine Sechs, er verkörpert den Macho-Sechser. Steve McQueen repräsentiert ebenfalls die Sechs.

Ich hatte einmal eine sexuelle Sechs als Klientin. Ihre Geschichte illustriert diese Fixierung sehr gut. Als sie fünf Jahre alt war, war sie in ihren Vater vernarrt. Ihr Vater, ein Achter, fühlte sich ebenfalls zu ihr hingezogen. Der Vater war Fotograf und verbrachte viel Zeit in seiner Dunkelkammer. Ihr war das Betreten der Dunkelkammer verboten.

Eines Tages schlich sie sich heimlich hinein. Sie entdeckte die Playboy-Hefte ihres Vaters. Die tiefgründige Symbolik, die darin liegt, sich heimlich in Vaters »dunkle Kammer« zu schleichen und dort Bilder von nackten Frauen zu finden, hinterließ einen tiefen Eindruck bei ihr. Sie fühlte sich von den Bildern angezogen und abgestoßen zugleich und war völlig verängstigt.

Bald darauf hatte sie einen Traum. In diesem Traum saß sie mitten in der Nacht am Küchentisch, was sie, wie sie sagte, als Fünfjährige nie getan hätte. Sie saß dort, und aus der Dunkelkammer ihres Vaters kam der »schwarze Mann« mit einem Messer in der Hand. Er sah sie an und sagte: »Ich gehe jetzt nach oben und töte deine Eltern. Danach komme ich wieder runter und töte dich.«

Sie versuchte, sich zu verstecken, indem sie so tat, als lese sie Zeitung, als der »schwarze Mann« die Treppe hinaufging. Sie war vor Angst wie gelähmt und konnte nicht einmal schreien, um ihre Eltern zu warnen. In diesem Augenblick, als sie starr vor Angst und unfähig war, sich zu bewegen, kristallisierte sich die Fixierung. Von diesem Tag an fühlte sie sich zutiefst schuldig, einmal wegen ihrer Handlungsunfähigkeit, und zum anderen wegen der Dinge, die da in ihrem Unterbewußtsein lauerten.

Die höhere Oktave

In der höheren Oktave ist hier der Platz des *Helden*. Die heilige Idee heißt *Vertrauen,* und der Weg ist *Mut*. Auf dieser erhöhten Ebene residiert der Heldenvater, der die Familie beschützt.

Der Held hat den Ödipuskomplex gelöst und das Verlangen, die Kinder zu verschlingen, erfolgreich transformiert, und so macht er die Welt zu einem sicheren Ort.

Für die Sechs liegt die wirkliche Gefahr darin, die Idee des Vertrauens mit dem falschen Objekt zu verknüpfen. Vertrauen steht in einer komplementären Beziehung zum Zweifel. Wenn Vertrauen blind oder aufgrund einer falschen Vision gegeben wird, kann dabei ein Oliver North herauskommen, der im Namen der Verfassung verfassungswidrige Verbrechen begeht. Wenn Vertrauen zu früh in die Egostruktur eingebunden wird, wird die Sechs zum Anhänger eines Kultes oder folgt einem starken Führer.

Für die Sechs ist es enorm wichtig zu lernen, daß Mut nicht die Abwesenheit von Angst bedeutet. Mut ist die Fähigkeit, trotz der Angst zu handeln. Die Angst oder, noch wichtiger, die Angst vor der Angst ist für die Sechs das Zeichen, nicht zu handeln. Wenn sie lernt, sich selbst und einer höheren Kraft, die größer ist als das Selbst, zu vertrauen, dann verliert die Angst vor der Angst ihre Potenz. Die Angst selbst wird vielleicht dann das Zeichen, aufmerksam und vorsichtig zu sein, aber sie fungiert nicht als Stoppschild.

Der Held begibt sich auf die Suche nach dem Göttlichen. Die Ritter der Tafelrunde von König Artus repräsentieren vielleicht dieses Ideal der Sechs. Sie sind untereinander und König Artus gegenüber loyal, und ihr Pflichtgefühl begleitet sie auf der Suche nach dem heiligen Gral. Diese Suche verlangt von ihnen, ihre Sicherheit aufzugeben. Und sie müssen die Struktur der Gruppe zurücklassen; der Ritter macht sich allein auf den Weg in die Wildnis, um den Siegespreis der Erleuchtung zu erringen und damit in die Welt zurückzukehren.

Fragen zur Identifizierung von Punkt Sechs

1. Hältst du dich für einen loyalen Menschen?
2. Empfindest du ein starkes Pflichtgefühl deiner Familie gegenüber?
3. Fällt es dir schwer, zu handeln, da du ständig über die verschiedenen Möglichkeiten nachdenkst?
4. Arbeitest du gerne innerhalb von Strukturen und Hierarchien?
5. Fragst du dich manchmal, wieviel du auf andere Menschen projizierst?
6. Suchst du fasziniert nach den versteckten Motiven hinter den Handlungen anderer?
7. Glaubst du, daß Gesetze wichtig sind, um die Menschen in Schach zu halten?
8. Empfindest du neue Situationen und fremde Menschen oft als bedrohlich?
9. Hast du das Bedürfnis, Menschen erst einmal aus einer gewissen Distanz zu betrachten, um festzustellen, was wirklich mit ihnen los ist?
10. Hast du gerne klare Grenzen bei der Arbeit?
11. Hast du ein feineres Gespür für Gefahr als andere?
12. Funktionierst du am besten in Notsituationen?

der mystische Philosoph

Der mystische Philosoph

Punkt Fünf: Die zurückgezogene Persönlichkeit
Der innerliche Angst-Punkt

Höhere Oktave:	**Der mystische Philosoph**
Heilige Idee:	Allwissenheit
Heiliger Weg:	Nicht-Anhaften

Untere Oktave:	**Die zurückgezogene Persönlichkeit**
Leidenschaft:	**Habsucht**
Idealisierung:	Ich weiß
Redestil:	Abhandlung
Falle:	Beobachten
Abwehrmechanismus:	Isolation
Vermeidung:	Leere
Dichotomie:	Sozial/unsozial
Beispiele:	Howard Hughes, Marlene Dietrich, Buddha, Karl Marx, W.C.Fields, Bob Dylan, J.R.Tolkien, Emily Dickinson, J.D.Salinger, Franz Kafka, Albert Camus, Rainer Maria Rilke, Aldous Huxley, Laotse, Meryl Streep, William Hurt

Die Fünf ist die innerliche Version der Sechs. Fünfer gehen mit ihrer Angst um, indem sie das Leben auf handhabbare Proportionen reduzieren. Im Extremfall kann die Fünf ein buddhistischer Mönch sein, der als Einsiedler in einer Höhle lebt und seinen gesamten Besitz in einem kleinen Beutel aufbewahrt.

Die Fünf ist das Zuhause der Architektur. Alle Fünfer sind sehr umsichtig bei der Gestaltung ihrer Wohnung. Sie teilen ihre Räume gerne in kleine, saubere, klar definierte Abteilungen ein. Die Fünf braucht ihren eigenen Wohnraum. Wenn sie mit jemandem zusammenwohnt, braucht sie ihr eigenes Arbeitszimmer - einen Platz, an den sie sich zurückziehen kann.

Mehrere Fünfer haben erzählt, daß sie einen kleinen Wohnwagen im Garten stehen haben. Wenn Besuch kommt, geben sie das Haus auf. Sie ziehen sich in den Wohnwagen zurück, in dem gerade genug Platz für eine Person ist.

Die Fünf möchte immer schlauer als andere sein. Sie hat immer jede Menge Hintergrundinformationen über eine große Anzahl von Themen, und es macht ihr Spaß, damit zu glänzen.

Wenn die Fünf Geheimnisse mit dir teilt, kann das ein Zeichen von Intimität sein.

Fünfer sind leidenschaftlich unabhängige Menschen. Sie sind nonkonformistische Rebellen, obwohl sie nicht so damit angeben wie die Achter. Sie sind stolz darauf, für sich selbst sorgen zu können. Fünfer reisen gerne mit wenig Geld per Autostopp in fremde Länder, und auch diejenigen Fünfer, die so etwas noch nicht gemacht haben, würden es gerne tun. Zu wissen, daß sie sehr wenig zum Leben brauchen, erfüllt sie mit tiefer Befriedigung, und es macht ihnen großes Vergnügen, ein Fremder in einem fremden Land zu sein.

Die Fünf liebt es, die Fliege an der Wand zu sein. Bei gesellschaftlichen Zusammenkünften hält sie sich gerne im Hintergrund. Sie wirkt manchmal wie eine Eule auf einer Stange, die uns andere mit distanziertem Interesse beobachtet.

Äußerlich wirken Fünfer oft flach. In einer Gruppe von Menschen können sie unsichtbar erscheinen. Bärte, Brillen und manchmal ein schwach ausgebildetes Kinn können Teil der

Maske der Fünf sein. Oft versteckt sie sich auch hinter einer nasal klingenden Stimme. Sie hat häufig ein Repertoire komischer Sprechweisen auf Lager und kann verschiedene Akzente oder eine Computerstimme nachahmen.
Fünfer gehören zu den sensibelsten Menschen des Enneagramms. Ihr Problem liegt darin, daß sie wenig nach außen gerichtete Abwehr besitzen. Sie ziehen sich in ein reiches inneres Traumleben zurück und hinterlassen der Welt ein fast unsichtbares Erscheinungsbild. Ihre Haut neigt oft zu Sonnenbrand und Ausschlag. Darin liegt eine Metapher für ihre zarte Sensibilität, die vor einer rauhen Welt geschützt werden muß.

Leidenschaft

Die Leidenschaft der Fünf heißt *Habsucht.* Fünfer können geizig sein. J. Paul Getty, der reichste Mann seiner Zeit, ist ein gutes Beispiel. In seinem Schloß in England ließ er ein Münztelefon installieren, damit die Leute ihn nicht »ausnehmen« konnten. Als sein Enkel gekidnappt wurde, zögerte er, das Lösegeld zu bezahlen, selbst als die Kidnapper ihm ein Ohr seines Enkels schickten.
Howard Hughes ist ein weiteres Beispiel für den möglichen Geiz der Fünf. Obwohl er einer der reichsten Männer der Welt war, führte er ein zurückgezogenes Leben.
Die Habsucht manifestiert sich in der Fünf immer als Gier nach Information. Die heilige Idee ist hier Allwissenheit. Wenn diese Idee in der Egostruktur eingebunden wird, glaubt die Fünf, Information sei der Schutz vor dem schwarzen Loch des Nichts. Fünfer können große Sammler sein. Anders als die Neun, die Dinge hortet, die eines Tages nützlich sein könnten, sammelt und katalogisiert die Fünf seltene und wertvolle Gegenstände.
Ich kenne einen Fünfer, der als schlecht verdienender Musiker in New York lebte. Eines Tages begann er sich für Weine zu interessieren. Schon nach ein paar Monaten war er ein großer

Weinkenner. Er wußte, welche Anbaugebiete und Jahrgänge die besten waren. Außerdem wußte er, wo man gute Weine am günstigsten bekommt. Er rief mich aus New York an, nur um mir zu sagen, er könne mir einen hervorragenden 1962er St. Estephe für 30 Dollar besorgen. Er lebte genügsam in einem Ein-Zimmer-Apartment und hatte innerhalb von fünf Jahren eine Kollektion von 50 Kisten Wein erworben. Ein anderer Fünfer sammelt Schallplatten, die er genau sortiert und alphabetisch einordnet. Tonbandkassetten oder CD's genügen ihm nicht. Die Musik ist ihm nicht so wichtig wie das Sammelobjekt.
Die Habsucht manifestiert sich auf einer tieferen Ebene, indem sich die Fünf der Welt entzieht. Fünfer haben tödliche Angst davor, sich an die Welt zu verlieren. Eine Fünf kommentierte das so: »Wenn ich mich der Welt öffnen würde, würde jemand nach meinem Herzen greifen und es herausreißen.«

Kindheit

Fünfer hatten immer einen aufdringlichen Elternteil. Oft handelte es sich um eine gluckenhafte Mutter. Häufig berichten Fünfer von Müttern, die ihre Schubladen nach Anhaltspunkten durchsuchten, aus denen zu entnehmen war, wie es ihrem Liebling ging. Fünfer sagen, sie hätten das Gefühl gehabt, von der Mutterliebe erstickt zu werden.
Es blieb der Fünf nichts anderes übrig, als sich in ihr Innenleben zurückzuziehen. Eine Fünf erzählte, sie habe ihre ganze Freizeit alleine auf einem Baum verbracht. Fünfer verschanzen sich hinter Büchern oder Studien, um sich einen Freiraum zu schaffen.

Idealisierung

Die Fünf idealisiert *»Ich weiß«* und unterstützt so ihre Gier nach Wissen. Aber es reicht ihr nicht, das zu wissen, was alle anderen auch wissen. Es muß schon etwas Besonderes sein. So findet man hier viele Reporter, die Nachforschungen anstellen, um die Hintergründe einer Geschichte aufzudecken.

Ein Fünfer, der jetzt über dreißig ist, erinnerte sich bei einem Interview noch an die durchschnittliche Schlagleistung der Baseballmannschaft seiner Schulzeit. Er sagte, er interessierte sich schon damals mehr für die Statistik als dafür, wer das Spiel gewann oder verlor.

Aldous Huxley kannte nicht nur sein gesamtes Werk auswendig, er konnte auch sagen, auf welchen Seiten eine bestimmte Stelle in verschiedenen Ausgaben stand.

Wenn die Fünf einem spirituellen Weg folgt, wird sie den Guru des Gurus kennen. Ein Fünfer in einem Workshop teilte uns auf die Frage nach seinem speziellen Wissensgebiet mit, er sei Experte für Saiteninstrumente der Renaissance.

Die Fünf distanziert sich von der Welt durch ihr Wissen; wie bereits gesagt, ähnelt sie einer Eule. Die Fünf schafft sich durch ihr Wissen die Möglichkeit, auf einem sicheren Ast zu sitzen und auf die übrige Welt herabzublicken.

Redestil

Der Redestil der Fünf nennt sich *Abhandlung*. Auch der Redestil dient dazu, Distanz zu schaffen. Fünfer sind begeisterte Personal-Computer-Fans. Man findet hier Computer-Hacker, die viele Abend- und Nachtstunden vor dem Terminal zubringen. Wenn sie mit anderen Computer-Fans zusammenkommen, können sie stundenlang über technische Probleme reden und vermeiden auf diese Weise Intimität.

Unser Freund Jerry brachte einmal seinen Fernsehapparat zur Reparatur. Aus dem Hinterzimmer des Ladens kam ein bärtiger Mann mit schütterem Haar und Brille. Jerry spähte in das Hinterzimmer. Dort gab es einen Arbeitsplatz und eine Ecke, in der die Kaffeekanne stand. Die Kaffeekanne ließ sich durch eine Hebevorrichtung bis an den Arbeitsplatz heranschwenken. Man sah deutlich, daß viel Zeit und gedankliche Anstrengung in die Aufteilung des Raumes investiert worden war. Der Mann sah Jerry lächelnd an und sagte: »Ah ja, da ist wahrscheinlich eine Sylvania 232 durchgebrannt.« Es lag eine Spur von Herablassung darin, die sich auf jeden bezog, der nicht wußte, was eine Sylvania 232 ist.

Falle

Die Falle für die Fünf liegt im bloßen *Beobachten*. Auf diese Weise vermeidet sie es, engagiert am Leben teilzuhaben. Ich kenne einige Fünfer, die die buddhistische Vipassana-Meditation praktizieren. Sie wählen den Weg des Nicht-Anhaftens, von dem Buddha sprach. Aber wenn sie mit dem Enneagramm konfrontiert werden, geben sie oft zu, an diesem Nicht-Anhaften zu haften. Wirkliches Nicht-Anhaften drückt sich vielleicht in dem taoistischen Gedanken aus, der fordert, jedem Moment völlig offen gegenüberzutreten und ihn in sich aufzunehmen, ohne an vorgefaßten Meinungen zu hängen. So kann die Falle des Beobachter-Daseins die Fünf dazu verführen, im Namen der Erleuchtung an der Egostruktur festzuhalten.

Abwehrmechanismus

Der Abwehrmechanismus der Fünf heißt *Isolation* und ist offensichtlich sehr eng mit der Falle verbunden. Wenn Fünfer mit jemandem streiten, neigen sie dazu, aus dem Zimmer zu gehen und die Tür hinter sich zuzuknallen. Fünfer fühlen sich oft erschöpft vom Kontakt mit der Welt. Sie haben das Gefühl, sich in die eigenen Grenzen zurückziehen zu müssen, um sich wieder aufzuladen.

Dieser Rückzug kann darin bestehen, daß die Fünf Tage in der Bücherei - einer Fünfer-Einrichtung - verbringt. Oder sie bereist monatelang eine Gegend, in der sie niemand kennt und deren Sprache sie nicht spricht. Oder aber sie lebt jahrelang als Einsiedler. Zu einem unserer Workshops in Esalen kam ein Fünfer mit einem Lieferwagen, den er als Wohnwagen eingerichtet hatte. Dort campierte er den ganzen Monat über und war dabei sehr glücklich.

Fünfer sind selbstmordgefährdet. Die Fünf kann so tief in die Isolation gehen, daß sie jeden nährenden Kontakt mit der Außenwelt verliert.

Vermeidung

Die Vermeidung von *Leere* scheint auf den ersten Blick im Widerspruch zum Abwehrmechanismus zu stehen. Doch die Leere, die die Fünf vermeidet, ist eine innere Leere. Die Fünf ist wie auch die Vier am unteren Ende des Enneagramms plaziert, und beide leben am Rande des Abgrunds. Sartres schwarzes Loch des Nichts ist für die Fünf sehr real.

Sie spürt die Nähe des Abgrunds und vermeidet die Leere durch Wissensdurst. Sie hat vielleicht das Gefühl, das schwarze Loch lasse sich mit Wissen füllen. Oder sie hat das Gefühl, mit dem Wissen oder mit dem, was sie sonst noch ansammelt und festhält, einen Schutzwall gegen die im schwarzen Loch tobenden Sturmwinde errichten zu können.

Dichotomie

Die Dichotomie der Fünf heißt *sozial/unsozial.* Die Seite der Dichotomie, die bei der Fünf jeweils manifest wird, bestimmt ihren Kontakt zur Welt. Soziale Fünfer können im Licht der

Öffentlichkeit stehen, wie zum Beispiel Henry Kissinger. Der bekannte amerikanische Fernsehsportreporter Howard Cosell ist ein sozialer Fünfer. Er verdiente sein Geld, indem er immer als erster die Insider-Informationen und die Story hinter der Story hatte. Er freundete sich mit Muhammad Ali an und schlug Kapital aus dem, was dieser ihm privat vor einem Kampf erzählt hatte.
Der milliardenschwere Erfinder Howard Hughes personifiziert die unsoziale Fünf. Hughes erfand so ziemlich alles, von Wasserflugzeugen bis zu einem Büstenhalter für Jane Russell. Er führte jahrelang das Dasein eines phobischen Einsiedlers. Er fürchtete sich vor Bakterien, und Leute, die sein Zimmer betraten, mußten alles mit Taschentüchern anfassen, um keine Bakterien zu hinterlassen.

Untertypen

Selbsterhaltung: Heim

Wenn Habsucht in den Instinkt zur Selbsterhaltung einsickert, nennen wir das *Heim.* »My home is my castle« - diese englische Redensart spiegelt die Fünfer-Philosophie wider. Die Architektur gehört hierher. Alle Selbsterhaltungs-Fünfer brauchen ihren eigenen Wohnraum. Der Mann, der in Esalen in seinem Lieferwagen campierte, war ein Selbsterhaltungs-Fünfer. Wir kennen einen anderen Selbsterhaltungs-Fünfer, der das ganze Jahr über in einem Wohnwagen wohnt. Er lebt von seiner Frau und seinen zwei Kindern getrennt. Die Kinder besuchen ihn in seinem Wohnwagen. Er liebt sie und freut sich, sie zu sehen, aber wenn sie dann wieder fort sind, ist er jedesmal ein klein wenig erleichtert und froh, sein Heim wieder für sich zu haben.

Sozial: Totem

Wenn Habsucht in den sozialen Instinkt sickert, sprechen wir vom Totem. Totem bezeichnet die rituelle Kraft eines Gegenstandes, die über seine normale Funktion hinausgeht. Bücher besitzen totemistische Kraft für jemanden, der Bücher sammelt so wie Schallplatten für den Schallplattensammler. Für soziale Fünfer besitzt auch Information diese Kraft, besonders wenn sie die Story hinter der Story haben. Daher ist hier das natürliche Zuhause von Reportern, die intensive Nachforschungen anstellen. Henry Kissinger machte als Diplomat Karriere, indem er geheime Informationen herausfand. Fünfer haben immer Geheimnisse. Dich in ein Geheimnis einzuweihen ist ihre Art, intim zu sein.

Sexuell: Vertrauen

Sexuelle Fünfer vertrauen ihrer Sexualität - vielleicht weil sie als Kinder sicher waren, wirklich geliebt zu werden. Sie wissen, daß sie geliebt werden können. Sie trauen sich auch zu, eine Rolle zu spielen. Einige der besten Schauspieler und Schauspielerinnen sind sexuelle Fünfer, wie zum Beispiel Meryl Streep, William Hurt, Jeremy Irons und Ben Kingsley.

Beispiele

Das klassische China ist eine Fünfer-Kultur. Gelehrsamkeit wurde höher geschätzt als alles andere. China besaß den ersten Staatsdienst, dem nur Leute angehörten, die sich verdient gemacht hatten. Eine Anstellung im Staatsdienst war das Höchste, was man erstreben konnte. Um aufgenommen zu werden, mußte man die Kunst des Dichtens, der Malerei und der Kalligraphie beherrschen. Nach der Karriere in der Regierung zog sich der beamtete Gelehrte auf seinen Landsitz

zurück, um sich ganz der Poesie, der Malerei und der Schönschreibkunst zu widmen.
Die Chinesen sind die größten Sammler der Welt. Seit mindestens 2000 Jahren häufen sie private Kunstsammlungen an. Und was sammeln sie am liebsten? Schönschreibkunst! Kalligraphien der großen Maler gehören zu den begehrtesten und hochangesehensten Sammlerstücken. Es ist nicht nur so, daß die meisten Leute gar nicht lesen können, was da geschrieben steht, auch die Beurteilung des künstlerischen Wertes der Schönschreibkunst ist äußerst delikat.
Die chinesische Malerei spiegelt ebenfalls die Ästhetik der Fünf. Die schönsten und besten Bilder werden in schwarzer Tusche mit einem Pinsel auf Reispapier gemalt. Je besser der Künstler ist, desto weniger Striche benötigt er, um das Wesen einer Landschaft wiederzugeben. Die trockene Kargheit dieser Kunstform können nur wenige wirklich verstehen.
In San Francisco fand kürzlich ein Trickfilm-Festival statt. Einige der Animatoren wurden ausgezeichnet. Sie müssen alle Fünfer gewesen sein. Es tat richtig weh zu sehen, wie diese Leute auf der Bühne standen und sich Mühe gaben, unsichtbar zu sein. Sie quetschten sich an den hinteren Bühnenrand und sahen sich außerstande, die Fragen des Moderators zu beantworten. Einer schaffte es sogar, sich mit einem falschen Namen vorzustellen. Diese Leute hatten Jahre alleine mit ihren Storyboards zugebracht. Sie hatten Jahre darauf verwendet, an Projekten zu arbeiten, von denen sie von Anfang an wußten, daß sie als unkommerzielle Fünf-Minuten-Kunststücke enden würden. Einer der Preise ging an einen Trickfilm über ein Reißbrett. Der Autor dieses Films saß dreieinhalb Jahre zu Hause und fotografierte die Schatten und Strukturen, die entstehen, wenn man Nadeln in unterschiedlicher Anordnung in ein Brett steckt. Dabei kam ein Zehn-Minuten-Kurzfilm zustande, den kein Mensch je sehen wird, außer bei dem einen oder anderen Kurzfilm-Festival. Aber die Arbeit an dem Film lieferte dem Autor eine gute Ausrede, sein Zimmer dreieinhalb Jahre nicht zu verlassen.

Der Autor von *Der Fänger im Roggen*, J.D. Salinger, war vor kurzem in den Schlagzeilen. Er führte einen Prozeß zum Schutz seiner Privatsphäre, durch den er versuchte, die Veröffentlichung einer Biographie über ihn zu verhindern. Salinger, der für einen so prominenten Schriftsteller extrem wenige Bücher veröffentlicht hat, sagte, er schreibe zwar noch, aber nur für sich selbst.

Zu der Zeit, als Karl Marx seine revolutionären Schriften verfaßte, wurde Europa von Revolutionen gebeutelt. Anstatt sich der Pariser Kommune oder einer der anderen Revolutionen anzuschließen, die überall in Europa ausbrachen, blieb er in England und schrieb jeden Tag in der Londoner Bibliothek.

W.C. Fields war als Komiker ein Genie. Auch nach seinem Tod findet seine Komik begeisterte Anhänger. Er begann seine Laufbahn im Showgeschäft als Pantomime und Jongleur. Als er zum Film kam, bezog er die Position des Fremden im fremden Land und machte eine komische Kunstform daraus. Fields war leidenschaftlich unabhängig und machte auch seine Abneigung gegen lärmende kleine Kinder und herrschsüchtige, aufdringliche Ehefrauen zum Thema seiner Komödien.

Die höhere Oktave

Auf der erleuchteten Ebene ist hier der Ort des *mystischen Philosophen*, der Weg ist das *Nicht-Anhaften*, und die heilige Idee ist die *Allwissenheit*. Buddha war eine Fünf, seine Lehre besagt, daß Begierden und Widerwille das Leben zum Leidensweg werden lassen und die Befreiung im Nicht-Anhaften liegt.

Es mag Fünfern leichtfallen, ihre Begierden aufzugeben, aber ihr Widerwille kann sie gefangenhalten. Der Widerwille der Fünf in bezug auf Menschen und Kontakt ist eine Form von Verhaftetsein, die Leiden hervorbringt.

Buddha tauchte in das schwarze Loch des Nichts und entdeckte die essentielle Leere jeglicher Form. Darin liegt die Aufgabe

der Fünf. Um in das schwarze Loch zu tauchen und mit Allwissenheit zurückzukehren, braucht sie den Mut der Sechs und muß den Weg des Nicht-Anhaftens gehen.
Wenn die Fünf in die Welt zurückkehrt, um mühelos zu geben und in Liebe den Grundsatz essentieller Leere zu verbreiten, dann wird sie zum Erlöser der Menschheit.
Auch wenn die Fünf nicht diesen extremen Weg einschlägt, hält sie ein großes Geschenk für uns bereit. Wenn sie den Weg des Nicht-Anhaftens geht, sich für die Welt öffnet und ihr Innerstes mitteilt, kann sie uns die Hamonie von Verstand und Gefühl lehren.

Fragen zur Identifizierung von Punkt Fünf

1. Liebst du es, interessante Informationen zu sammeln?
2. Bist du auf einem Gebiet Experte, über das die meisten Leute nichts wissen?
3. Brauchst du unbedingt deine Privatsphäre?
4. Spielst du bei gesellschaftlichen Anlässen gerne die Rolle des Beobachters?
5. Mußt du jemanden sehr gut kennen, bevor du ihn an deinem Privatleben teilhaben läßt?
6. Hast du manchmal das Gefühl, von der Zuneigung anderer Menschen erdrückt zu werden?
7. Hast du dein eigenes Zimmer oder deinen eigenen Arbeitsraum?
8. Reist du gerne inkognito?
9. Macht es dir Spaß, mit wenig Geld und ohne Landkarte fremde Länder zu bereisen?
10. Findest du die meisten Menschen langweilig und aufdringlich?
11. Fällt es dir schwer, andere um emotionale Hilfe zu bitten?
12. Bist du viel allein?
13. Lebst du gerne sparsam?

14. Macht es dir Spaß, seltene Dinge zu sammeln, die für dich wertvoll oder bedeutungsvoll sind?

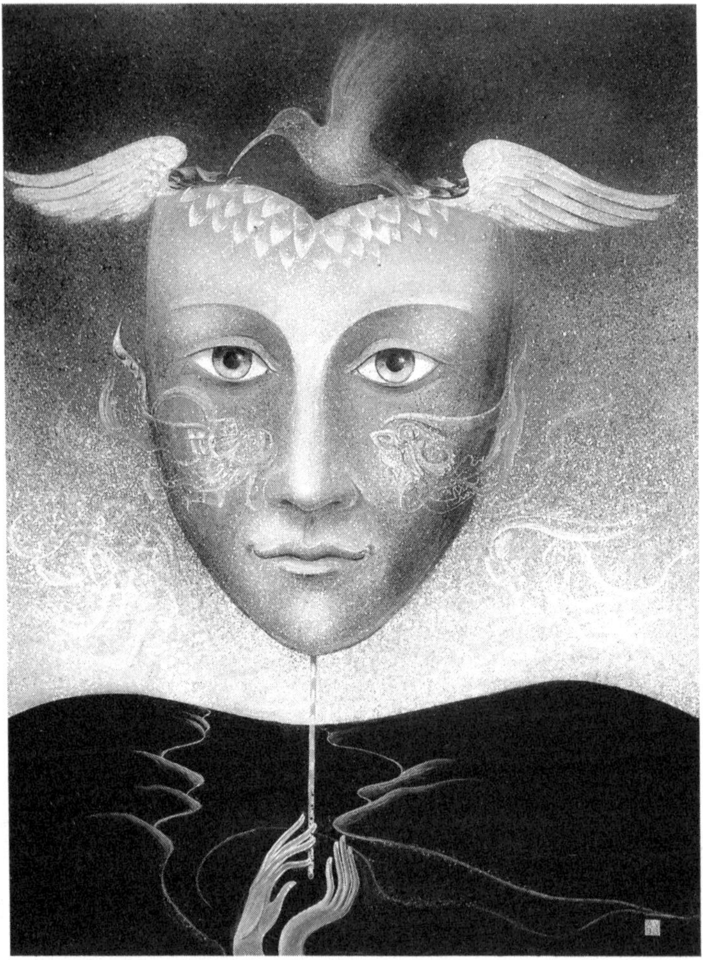

das magische Kind

Das magische Kind

Punkt Sieben: Die planende Persönlichkeit
Der äußerliche Angst-Punkt

Höhere Oktave:	**Das magische Kind**
Heilige Idee:	Heilige Arbeit
Heiliger Weg:	Nüchternheit

Untere Oktave:	**Die planende Persönlichkeit**
Leidenschaft:	**Gier**
Idealisierung:	Ich bin okay
Redestil:	Geschichten
Falle:	Idealismus
Abwehrmechanismus:	Rationalisieren
Vermeidung:	Schmerz
Dichotomie:	Unterlegen/überlegen
Beispiele:	Timothy Leary, Ram Dass (Richard Alpert), Rousseau, Rajneesh, Cary Grant, David Niven, Bo Derek, Peter Pan, Walt Disney, Sir Lancelot, Danny Kaye

Die Sieben ist der äußerliche Angst-Punkt. Siebener sind die Charmeure, die Schwindler und die kosmischen Reisenden des Enneagramms. Das magische Denken ist hier zu Hause. Die Sieben glaubt daran, daß alles gut ausgeht, wenn wir nur alle gute Gedanken haben. Das Gebot der Sieben lautet: »Laß mir doch meinen Glauben!«

Peter Pan verkörpert die Sieben. Peter Pan brachte den Darling-Kindern das Fliegen bei; sie brauchten nichts weiter zu tun, als gute Gedanken zu denken. »Candy und du, ihr habt es beinahe schon geschaft . . . denkt an Weihnachten und los geht's!«

Eine Sieben tritt in dein Leben, um dich aufzuheitern. Wenn du sie zum Essen ausführst, wird sie dir eine gute Geschichte erzählen; sie singt sozusagen für die Mahlzeit. Vielleicht schläft sie mit dir, um dich zu erleuchten, und zieht dann weiter.

Neue Ideen und das New-Age-Denken gehören hierher. LSD, das Leben in einer Kommune, barfuß und mit Blumen im Haar durch die Straße laufen - das ist der Stil der Sieben.

Siebener waren Anhänger gesunder Ernährung, lange bevor wir anderen darauf gekommen sind. Cary Grant pflegte in den 50er Jahren LSD zu nehmen und Karottensaft zu trinken.

Die Sieben liebt es, mit neuen Ideen zu spielen. Synthetisches und assoziatives Denken gehören hierher. Die Sieben hat Freude daran, neue und interessante Kombinationen aufzustellen, an die noch niemand dachte. Aber sie mag es gar nicht, von ihrem Höhenflug heruntergebracht zu werden. So diskutiert sie ungern das Thema von gestern abend und bleibt nicht lange genug bei einem Gedanken, um ihm Tiefe zu verleihen.

Die Sieben denkt ständig an die Zukunft. Die Zukunft macht die Gegenwart für sie erträglich. Siebener glauben immer, daß wir uns auf das Goldene Zeitalter zubewegen. Alles wird ständig besser.

Leidenschaft

Die Leidenschaft, die die Maschinerie der Sieben zum Laufen bringt, heißt *Gier*. Die Sieben giert nach Erfahrungen. Eine Sieben, die nach durchfeierter Nacht endlich ins Bett gefunden hat, ist selbst im Schlaf noch ein bißchen nervös, sie könnte dabei irgend etwas verpassen.
Wenn die Sieben im Restaurant ißt, bevorzugt sie Buffets. Das Auswählen von der Speisekarte kann zur Qual werden. Hat sie sich dann für ein Gericht entschieden, meint sie kurz darauf oft, sie hätte lieber etwas anderes nehmen sollen.
Da liegt die Wurzel des Planens der Sieben. Sich für eine Sache oder Handlung zu entscheiden heißt, alle anderen Möglichkeiten zu verpassen. Diese Vorstellung findet die Sieben unerträglich. Also hält sie sich immer alle Optionen offen. Die Möglichkeit, Plan und Richtung blitzartig zu ändern, gibt der Sieben das Gefühl, für die göttliche Führung offen zu sein. Die Sieben versteht sich als Teil des göttlichen Plans. Um diesen Plan nicht über den Haufen zu werfen, muß sie sich immer alle Optionen offenhalten.
Bei Siebenern kann man oft beobachten, daß sie nicht länger als sechs Monate an einer Sache oder an einer Beziehung festhalten. Die Leidenschaft der Gier läßt die Sieben von Beziehung zu Beziehung und von Job zu Job wandern. Reisen nehmen eine sehr wichtige Stellung in ihrem Leben ein. Reisen bringen ständig neue Erfahrungen mit sich. Ich kenne keine Sieben, die nicht auf Reisen war - oft per Autostopp und immer preiswert. Siebener waren die ersten, die Goa entdeckten. Sie bereisten Nepal, bevor es »in« war, und pilgerten viele Male nach Indien.
Wir kennen eine Sieben, die vorhatte, von San Francisco nach Boston umzuziehen. Aber erst mußte sie nach Hawaii zu einem Workshop. Dann reiste sie nach Bali. Nach ihrer Rückkehr nach San Francisco machte sie erst mal einen kurzen Besuch in New York, dann fuhr sie nach Boston. Der Prozeß ihres Umzugs nach Boston dauerte insgesamt über ein Jahr. Als sie

endlich dort war, begab sie sich natürlich sofort auf eine Europareise.
Siebener sind nicht unbedingt wohlhabend, obwohl sie idealerweise sparsam von einem kleinen Vermögen leben. Wir kennen einen mexikanisch-amerikanischen Siebener, der im Ghetto von Los Angeles aufwuchs. Er hat noch immer wenig Geld, aber er schafft es, die Hälfte des Jahres in Europa zu verbringen, wo er T'ai-Chi-Workshops leitet.

Kindheit

Die Kindheit der Sieben kann sehr unterschiedlich verlaufen. Oft kommen Siebener aus gutgestellten Familien. Aber dann gibt es auch Fälle wie den eben beschriebenen. Dieser Mann wuchs als fünftes von sieben Kindern auf. Er teilte sein Bett mit zwei Brüdern. Sein Vater war Möbelpacker, und die Jungs mußten an den Wochenenden mithelfen beim Möbelschleppen. Der Siebener war derjenige, der ständig Witze machte und alles leichtnahm. Er heiterte die übrige Familie auf.
Eine weibliche Sieben beschrieb ihre Kindheit in einer armen, schwarzen Familie. Sie erzählte, wie sie von Raufbolden in der Nachbarschaft gejagt worden war, und sagte, manchmal hätten sie nicht genug zu essen gehabt. So wie sie es erzählte, klang es, als ob es ein Riesenspaß gewesen wäre. Sie fesselte die Zuhörer mit ihrer Geschichte. Es war auch eine prima Zeit, sagte sie.
Siebener berichten oft, sie hätten Probleme mit dem Vater und eine engere Beziehung zur Mutter gehabt. Typischerweise beziehen sie eine Anti-Macho-Stellung im Leben und huldigen dem Weiblichen. Sie leben oft so, als wollten sie Mama ein Zeichen geben, daß alles okay ist.

Idealisierung

Die Sieben idealisiert: *»Ich bin okay.«* Sie hüllt sich mehr als irgendein anderer Punkt des Enneagramms in Narzißmus ein. Selten findet man eine Sieben in Therapie. Sie kommt nur, wenn sie sich in einer plötzlichen Krise befindet. Wenn sie dann in Therapie ist, wird sie nicht lange bleiben.

Ein Siebener kam einmal zu mir, weil er wußte, daß ich eine Therapie namens NLP praktiziere. Sein Vater setzte ihn sehr unter Druck, da er wollte, daß sein Sohn endlich erwachsen würde, und er bezahlte die Therapie. Als ich den Sohn fragte, was er wirklich wolle, sagte er: »Meine billigen Tricks funktionieren nicht mehr. Ich weiß, daß meine Welt zusammenfällt, aber ich will irgendwie durchkommen, bis sie eingestürzt ist. Ich möchte, daß Sie mir mit Hilfe von NLP beibringen, effektiver zu lügen.«

Es kann sehr schwer sein, an die Sieben heranzukommen, weil sie eine Egostruktur geschaffen hat, die sie für einen Zustand der Erleuchtung hält. Darin liegt die Bedeutung von »ich bin okay«.

Redestil

Der Redestil der Sieben heißt *Geschichten.* Siebener sind die Schwindler des Enneagramms. Sie können charmant sein und aus jeder Begebenheit eine herrliche Geschichte machen.

Das Broadway-Stück *The Music Man* erzählt die Geschichte einer Sieben. Es geht um einen fahrenden Händler, der in die Stadt kommt, um Musikinstrumente zu verkaufen. Das tut er, indem er eine magische Geschichte webt, die alle von einer zukünftigen Stadtkapelle träumen läßt. Die Kinder sparen ihre Pfennige, um den Traum zu kaufen, den der Music Man anbietet.

Der Schauspieler David Niven liefert ein exzellentes Beispiel für den Stil der Sieben. Er machte Filmkarriere, indem er sich den richtigen Akzent zulegte und weil er ein netter Kerl war, den alle gern um sich hatten. Kein Mensch dachte über Nivens schauspielerische Fähigkeiten nach. Man hatte ihn einfach gerne dabei.

Falle

Die Falle der Sieben heißt *Idealismus.* Der Idealismus der Sieben ist Teil des Mechanismus, mit dem das Ego als erleuchtet gerechtfertigt wird. Man findet hier wahre Idealisten. »Freiheit, Gleichheit, Brüderlichkeit« ist ein Siebener-Motto.
Die Sieben liebt es, Gegensätze zu vereinen. Wir kennen eine Sieben, die als Aerobic-Lehrerin in einer Bank arbeitete. Eigentlich wollte sie den Job aufgeben, aber es bereitete ihr soviel Freude, den Bankdirektor zusammen mit dem Pförtner schwitzen zu sehen, daß sie weitermachte.
Kennedy rief das Peace-Corps ins Leben, eine Organisation, die es jungen, idealistischen Amerikanern ermöglichte, in traditionellen Kulturen der Dritten Welt zu leben und zu arbeiten. Das Konzept, der Dritten Welt als Botschafter des guten Willens Hilfe zu bringen, kommt aus dem Idealismus der Sieben.

Abwehrmechanismus

Der Abwehrmechanismus der Sieben liegt im *Rationalisieren.* Da alles ein Teil von Gottes Plan ist, kann alles rationalisiert werden. »Go with the flow«, zu deutsch »schwimme mit dem Strom«, ist ein typisches Siebener-Konzept. Und doch versucht die Sieben ständig, den Strom mit ihrem Planen zu manipulieren. Deswegen ist die Schale der Sieben so schwer zu knacken. Alles ist ein Teil des göttlichen Willens, und alles führt zu einem guten Ende. Also rege dich nicht auf, entspanne dich, und genieße die Show.

Vermeidung

Die Sieben vermeidet *Schmerz.* Und so gleitet sie auf der Oberfläche des Lebens dahin, Beziehungen betreibt sie locker und unverbindlich.
Um Schmerz zu vermeiden, verläßt sich die Sieben auf ihren Kopf und auf ihr magisches Denken. Die Angst vor Schmerz ist sehr groß und oft schlimmer als der Schmerz selbst. Allerdings ist die Sieben sich dessen meist nicht bewußt, da sie im allgemeinen sehr erfolgreich im Vermeiden dieser Themen ist. Um Schmerz zu vermeiden, ist die Sieben ständig auf Achse, immer auf der Jagd nach neuen Erfahrungen. Dieses Vermeiden macht Siebener zu charmanten Gesprächspartnern und manchmal zu brillanten Denkern. Das laterale Denken der Sieben, die neuen Verbindungen, die sie herstellt - alles dient dem Versuch, den Augenblick zu genießen und mögliche emotionale Tiefen des Schmerzes zu vermeiden.

Dichotomie

Die Dichotomie der Sieben heißt *unterlegen/überlegen.* Kommt die Sieben in eine neue Gruppe von Menschen, wird sie still dasitzen und den Status und die Machtverhältnisse innerhalb der Gruppe abschätzen. Sobald sie dann weiß, wie sie sich in die Hierarchie einfügt, kann sie aktiv werden.
Siebener, die die unterlegene Seite der Dichotomie manifestieren, nehmen in Beziehungen immer die Position des Unterlegenen ein. Ich habe niemals eine sexuelle Sieben getroffen, die diese Seite der Dichotomie manifestierte. Selbsterhaltungs- und soziale Siebener sind auf beiden Seiten zu finden. Die unterlegene Sieben befindet sich oft auf der Suche nach mehr Information, die ihr bei Entscheidungen helfen soll. Diese Menschen können Workshop-Fanatiker sein, die immer einen starken Führer suchen.
Die überlegene Seite der Dichotomie kommt im Schwindler

und Charmeur zum Ausdruck. Unterlegene Siebener können in der Öffentlichkeit zurückhaltender sein und die Manifestation des magischen Denkens auf intimere Beziehungen beschränken.

Untertypen

Selbsterhaltung: erweiterte Familie

Wenn die Leidenschaft der Gier in den Instinkt zur Selbsterhaltung sickert, nennen wir das erweiterte Familie. Alle Selbsterhaltungs-Siebener betrachten sich als Mitglied einer erweiterten Familie. Kommunen sind eine Manifestation dieses Stils. Nicht alle Selbsterhaltungs-Siebener leben in Kommunen, aber alle stehen ihrer erweiterten Familie näher als der blutsverwandten.
Es ist interessant zu sehen, wie sich das Heim der Fünf hier in der äußerlichen Version zur erweiterten Familie wandelt.

Sozial: Märtyrer

Die soziale Sieben heißt *Märtyrer.* Diese Menschen können den Anschein erwecken, perfekte Ehemänner oder Ehefrauen abzugeben. Sie können ihr ganzes Leben an einem Ort verbringen und ein und derselben Arbeit nachgehen. Das liegt daran, daß sie willens sind, sich und ihre Faszination für neue Ideen dem Wohl der Familie zu opfern.
Diese Einstellung ist eine Variation der Pflicht der sozialen Sechs. Das Pflichtgefühl der Familie gegenüber schafft in der Sieben den Märtyrer.
Wir kennen einen sozialen Siebener, der als Pfleger in der Psychiatrie in San Francisco arbeitet. Seit Jahren träumt er davon, mit seiner Familie per Rucksack Europa zu bereisen, aber er

geht weiterhin Tag für Tag seiner Arbeit nach und sorgt dafür, daß seine Kinder eine gute Erziehung bekommen. Er opfert seine Wünsche dem Wohle der Familie.

Sexuell: Beeinflußbarkeit

Die *Beeinflußbarkeit* der sexuellen Sieben läßt sie oft als etwas flatterhaft erscheinen. Sexuelle Siebener haben eine kurze Aufmerksamkeitsspanne und sind ständig von Neuem und Exotischem fasziniert, sie sind wahre »Weltraumfahrer«.
Sehr selten findet man eine sexuelle Sieben in einer langfristigen Beziehung. Die längste feste Beziehung, die mir bekannt ist, dauerte zwei Jahre. Diese Menschen sind kosmische Reisende - unterwegs, um die vielfältigen Kulturen der Welt zu erforschen und zu genießen.
Wenn man ihnen erst einmal vorgeworfen hat, die Aufmerksamkeitsspanne eines Huhns und die Loyalität einer Schlange zu besitzen, können sie treue Freunde sein. Sie genießen es, in periodischen Abständen in dein Leben zu treten, dich aufzuheitern und dir beim Lösen deiner Probleme zu helfen. Solange du sie nicht brauchst, wenn sie gerade den Himalaya besteigen oder in Thailand in der Sonne liegen, können diese Menschen loyale, dauerhafte Freunde sein.

Beispiele

Wir haben einen sehr lieben Freund, der einstmals Geschichtsprofessor war. Als er Ende zwanzig war, wurde er zum Aussteiger, tauchte in der spirituellen Hippie-Szene unter und lebte in verschiedenen spirituellen Kommunen. Als er auf die fünfzig zuging, meinte er, es sei vielleicht an der Zeit, sich langsam niederzulassen. Er beschloß, entweder in Connecticut oder in San Francisco ein Schmuckgeschäft zu eröffnen. Er pilgerte jedes Jahr einmal nach Indien und Nepal, und auf dem Weg nach Asien machte er immer ein paar Tage bei uns in San Francisco Station. In einem Jahr sah er sich nach möglichen Plätzen für sein Geschäft um, ehe er nach Asien weiterreiste. Im nächsten Jahr hatte er sich bereits auf einen von drei möglichen Plätzen in Santa Barbara oder San Francisco festgelegt, bevor er weiterfuhr. Ein Jahr darauf wurde genau da, wo er sein Geschäft haben wollte, ein Laden frei. Daraufhin wurde ihm klar, daß er keine Lust hatte, als Ladenbesitzer festgenagelt zu sein. Das war vor vier oder fünf Jahren. Er lebt bequem von seinen Kapitalanlagen und denkt immer noch darüber nach, was er tun wird, wenn er erwachsen ist.

Cary Grant wuchs in einem Cockney-Slum in London auf. Er änderte seinen Namen, arbeitete an seinem Akzent, und sein natürlicher Charme machte ihn berühmt. Als er einmal gefragt wurde, welches Geheimnis hinter dem Erfolg stünde, antwortete er: »Man muß immer eine gute Sonnenbräune haben.«

Der argentinische Playboy Rubirosa antwortete auf die Frage nach seinem Erfolgsgeheimnis bezüglich der Frauen: »Ich habe das schnellste Feuerzeug im ganzen Haus.«

Timothy Leary ist vielleicht der Inbegriff der Sieben. Er war Professor für Psychologie an der Harvard-Universität und verließ Harvard, um die spirituelle Wirkung von LSD zu erforschen. Er wurde zum Guru einer Generation und machte jedermann Mut, LSD zu probieren, mit seinem berühmten Motto: »Turn on, tune in, drop out!«

Leary sagte einmal in einem Interview mit der Zeitschrift *Playboy*, mit LSD könnten Männer mehrmals zum Orgasmus kommen, den besten Sex ihres Lebens haben und sich gleichzeitig des genetischen Codes bewußt werden. Als man ihn Jahre später fragte, ob dieses Statement der Wahrheit entspräche, sagte er, er habe das Statement um seiner Wirkung willen gemacht.

Leary wurde wegen Marijuana-Besitz festgenommen und von der linken revolutionären Studentenvereinigung SDS aus dem Gefängnis befreit. Er wurde nach Algerien geschmuggelt, wo er mit Eldridge Cleaver und den im Exil lebenden Black Panthers zusammenkam. Aber Leary war die revolutionäre Politik zu schwermütig. Er flüchtete durch Europa, wurde in Afghanistan wieder festgenommen und nach Amerika zurückgebracht. Vielleicht ist er der einzige Mensch, der die Erlaubnis erhielt, als Star in einem Dokumentarfilm mitzuwirken, während er im Folsom-Gefängnis seine Strafe absaß. Er muß mit seinem Charme die Wärter um den Finger gewickelt haben.

Leary hatte mehrere Ehefrauen und Dutzende von Freundinnen. Zur Zeit tritt er als Komiker in Nachtclubs auf. Er hat Dutzende von Büchern geschrieben, die manchmal brillant, immer unterhaltsam und voller neuer Ideen sind. Leary war ein Verfechter der Weltraum-Besiedelung und argumentierte überzeugend, wir seien die Nachkommen intergalaktischer Intelligenzen. Einmal fälschte er eine Botschaft, die angeblich vom Stern Sirius und einem intergalaktischen Posten kam, um unseren Glauben an seine Aussagen zu stärken. Es wäre zu grob, ihn einen Betrüger zu nennen. Er flunkert nur ein bißchen.

Die höhere Oktave

In der höheren Oktave ist hier der Ort des *magischen Kindes.* Die heilige Idee heißt *heilige Arbeit,* und der Weg ist *Nüchternheit.* An dieser Stelle dringen neue Ideen in das Enneagramm ein. Die Sieben birgt die Hoffnung auf eine Regenerierung der Gesellschaft.

Um eine Veränderung in der Welt zu bewirken und ihre kosmische Vision zu manifestieren, muß die Sieben sich dem Schmerz stellen. Nüchternheit bedeutet hier das Gegenmittel zur Gier der Sieben. Wenn sie bereit ist, so lange bei einer Sache zu bleiben, bis sie sie vollendet hat, dann muß sie sich auch mit Langeweile und Schmerz auseinandersetzen.

Ram Dass ist vielleicht das beste Beispiel einer hochentwickelten Sieben, das ich kenne.

Er war mit Timothy Leary zusammen in Harvard und Mitglied der ersten LSD-Gruppen in Millbrook. Sein Weg führte ihn nach Indien, wo er seinen Guru traf. Danach reiste er jahrelang umher und hielt Vorträge. Er fuhr von Stadt zu Stadt und war immer noch in der Siebener-Struktur verfangen. Er sagt über diese Zeit, meist habe er einen Joint geraucht, sei dann aufs Podium gegangen und habe den Leuten ein paar Geschichten erzählt, damit sie sich besser fühlten, wenn sie nach Hause gingen.
Ram Dass fuhr immer wieder kurz nach Indien, um bei seinem Guru »aufzutanken«, und sein spritituelles Leben gewann langsam an Tiefe. Bei seinen fortgesetzten Reisen um die Welt hatte er mit einer großen Vielfalt von merkwürdigen, übersinnlich begabten und spirituell orientierten Menschen zu tun.
Als er begann, den Weg der Vipassana-Meditation zu gehen, war klar, daß seine Verpflichtung zur heiligen Arbeit und zur Nüchternheit stärker war als seine Gier. Seine Bereitschaft, bei dem trockenen, langweiligen und sehr schmerzhaften Prozeß von Vipassana zu bleiben, ist ein klares Zeichen für die Tiefe von Ram Dass' innerem Wachstum. Die Seva-Foundation, deren amerikanischen Zweig er gründete und leitet, leistet sinnvolle heilige Arbeit bei den Armen der Welt.

Fragen zur Identifizierung von Punkt Sieben

1. Glaubst du, daß sich letztendlich immer alles zum Guten wendet?
2. Hilfst du anderen gern beim Lösen ihrer Probleme?
3. Heiterst du andere gerne auf?
4. Liebst du neue Ideen, und besuchst du gerne Orte, an denen du noch nicht warst?
5. Vermeidest du schmerzhafte oder erdrückende Dinge?
6. Siehst du im allgemeinen das Leben von der positiven Seite?
7. Langweilen dich Wiederholungen?

8. Schmiedest du oft Zukunftspläne?
9. Hast du das Gefühl, Teil eines kosmischen Plans zu sein?
10. Kombinierst du gerne neue Ideen auf eine neue, interessante Weise?
11. Macht es dir Freude, Menschen verschiedener Klassen oder Hautfarben in einer gemeinsamen Aktivität zusammenzubringen?
12. War deine Kindheit, soweit du dich erinnerst, im Grunde glücklich?

Teil III

Bewegungen

Zwischen den einzelnen Fixierungen bestehen viele unterschiedliche Beziehungen. Wenn du dieses System studierst und in dich aufnimmst, wirst du feststellen, daß zwischen benachbarten Punkten Ähnlichkeiten bestehen. Die Acht besitzt sowohl Qualitäten der Neun als auch der Sieben. Achter haben die Gier der Sieben und die Trägheit der Neun. Mein nächstes Buch wird diese Verwandtschaften im Detail beschreiben.

Hier möchte ich die Beziehungen zwischen den Punkten untersuchen, die durch die Verbindungslinien ausgedrückt werden. Jede Fixierung nimmt bestimmte Strategien der Punkte an, mit denen sie durch die Linien verbunden ist. Manche Leute vertreten die Ansicht, es sei besser, sich in die eine Richtung zu bewegen, und destruktiv, in die andere zu gehen. In Wahrheit hält jeder der Punkte Lektionen bereit, die gelernt werden müssen. Wir haben in jedem der Standpunkte die Möglichkeit, erleuchtet zu werden oder in Tiefschlaf zu verfallen.

Die Bewegungen finden entweder in einem Zustand der Entspannung oder unter Streß statt. Die entspannte Bewegung wird auch die »Bewegung des Herzens« genannt. Das kann irreführend sein, da ein Zustand, in dem das Herz wirklich offen ist, so erleuchtet sein kann, daß er die Fixierung transzendiert. Im Kontext der Fixierung ist es jedoch anschaulich und brauchbar, die entspannte Bewegungsrichtung als Bewegung des Herzens zu beschreiben.

Es ist wichtig, sich klarzumachen, daß wir unsere Fixierung nicht wechseln. Wir übernehmen lediglich die Strategien der Fixierungen, mit denen wir durch die Linien verbunden sind.

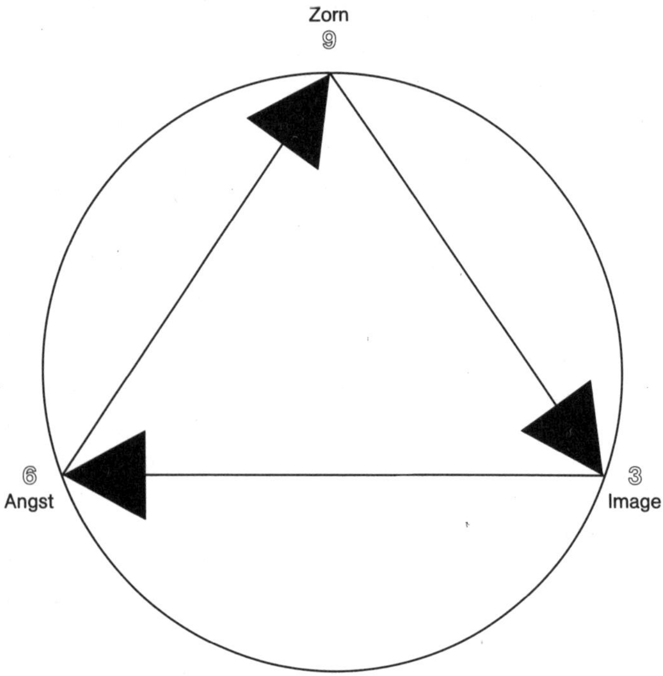

Abbildung 6: Bewegung des Herzens (zentrale Punkte)

Drei, Sechs und Neun: die zentralen Punkte

Drei, Sechs und Neun sind die zentralen Punkte des Enneagramms. Sie sind durch das innere Dreieck miteinander verbunden. Die Bewegung innerhalb dieses Dreiecks unterscheidet sich von den Bewegungen entlang der anderen Linien. Die »Bewegung des Herzens« findet im Dreieck mit dem Uhrzeigersinn statt, unter Streß geht die Bewegung gegen den Uhrzeigersinn.

Herz

Wenn die *Drei* sich verliebt, fängt sie an, sich wie eine Sechs zu benehmen. Sie wird ein wenig paranoid. Sie zieht sich etwas zurück und macht eine Bestandsaufnahme der Qualitäten der geliebten Person. Sie versucht, hinter die Kulissen zu blicken, um herauszufinden, was wirklich los ist. Das Gefühl von Liebe wird zum mentalen Prozeß.

Wenn sich die *Sechs* in einem Zustand befindet, in dem das Herz offen ist, verhält sie sich wie eine Neun. Sie entspannt sich, ihre Paranoia schmilzt dahin und wird zu Trägheit. Manche Sechser hocken sich einfach vor den Fernseher oder legen sich eine Woche lang tatenlos an einen Strand, wenn sie es einmal schaffen, die Wachsamkeit aufzugeben und sich zu entspannen.

Wenn die *Neun* ihrem Herzen folgt, benimmt sie sich wie eine Drei. Sie fängt an, für die geliebte Person zu »produzieren«. Vielleicht macht sie teure Geschenke oder übernimmt eine neue Verantwortung. Auf irgendeine Art wird sie produktive Energie für den geliebten Menschen erzeugen.

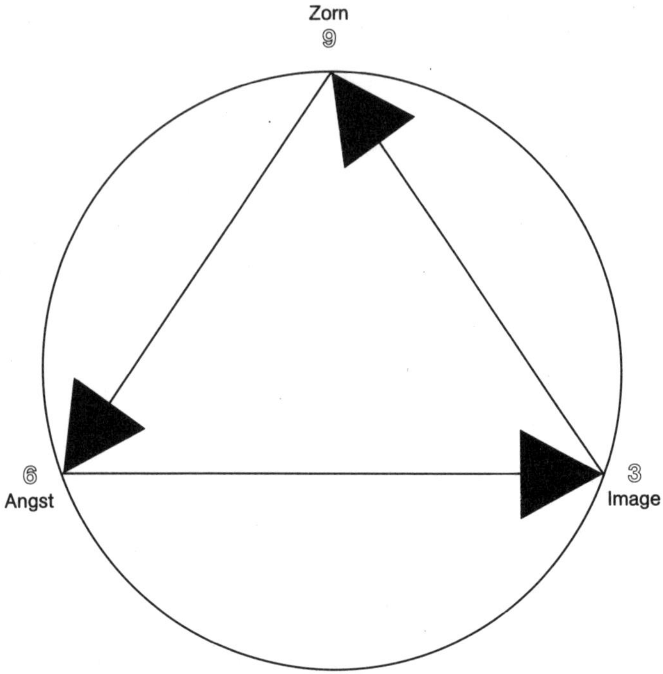

Abbildung 7: Bewegung unter Streß (zentrale Punkte)

Streß

Die Bewegung unter Streß geht im Dreieck gegen den Uhrzeigersinn.
Eine *Drei* verhält sich unter Streß wie eine Neun. Anstatt produktiv zu sein träumt sie von Produktion. Sie hört auf, aktiv zu sein, und zieht sich in ihre Gedankenwelt zurück. Wir kennen eine weibliche Drei, die in einer spanisch-amerikanischen Arbeiterfamilie aufwuchs. Als Kind hatte man ihr immer wieder beigebracht, daß Frauen nicht erfolgreich sein sollen. Doch als sie dann in den achtziger Jahren als geschiedene Frau in Kalifornien lebte, wünschte sie sich verzweifelt beruflichen Erfolg. Der Konflikt erzeugte Streß, und sie begann, von ihrer Arbeit zu träumen, anstatt wirklich zu arbeiten.
Eine *Neun* benimmt sich unter Streß wie eine Sechs. Sie verfängt sich in Selbstzweifeln und Paranoia. Sie ist sich nicht mehr sicher, ob die Dinge das sind, was sie scheinen.
Eine *Sechs* verhält sich unter Streß wie eine Drei und fängt an zu produzieren. Viele Sechser meinen, sie sollten eigentlich wie Dreier sein, und versuchen dann, wie Dreier zu produzieren. Aber unglücklicherweise handelt es sich hier um ein Streßverhalten; es hat Erschöpfung und Ausgebranntsein zur Folge. Der Wert dieser Bewegung unter Streß liegt für die Sechs darin, daß sie einmal nicht so kopflastig ist und anfängt, etwas zu tun.

Um die Bewegungsrichtungen der übrigen Punkte zu bekommen, nimmt man die Zahl 1 und teilt sie durch 7. Das Ergebnis ist eine sich unendlich wiederholende Zahl, die mit 0,1 428 571 beginnt. Die Zahlenfolge nach dem Komma gibt die Bewegung unter Streß wieder. Um die »Bewegung des Herzens« zu finden, dreht man die Zahlenfolge einfach um.

Auf den folgenden Seiten werden wir diesen Zahlen nachgehen und die entsprechenden Bewegungen näher betrachten.

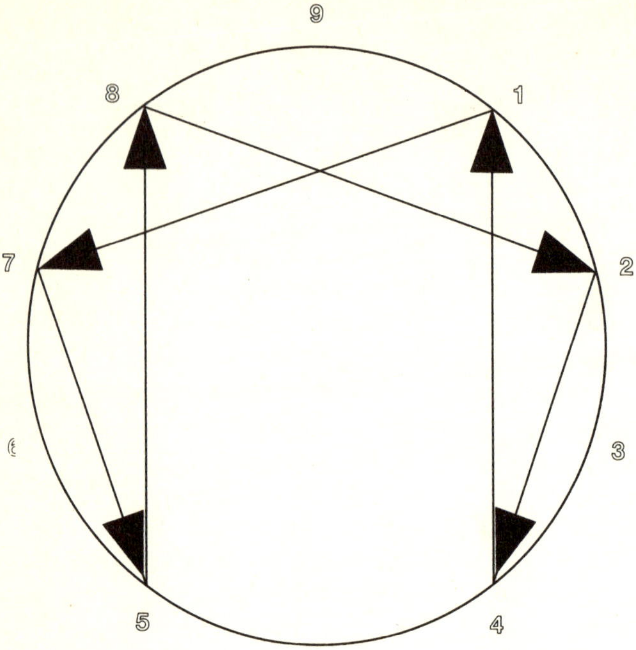

Abbildung 8: Bewegung des Herzens

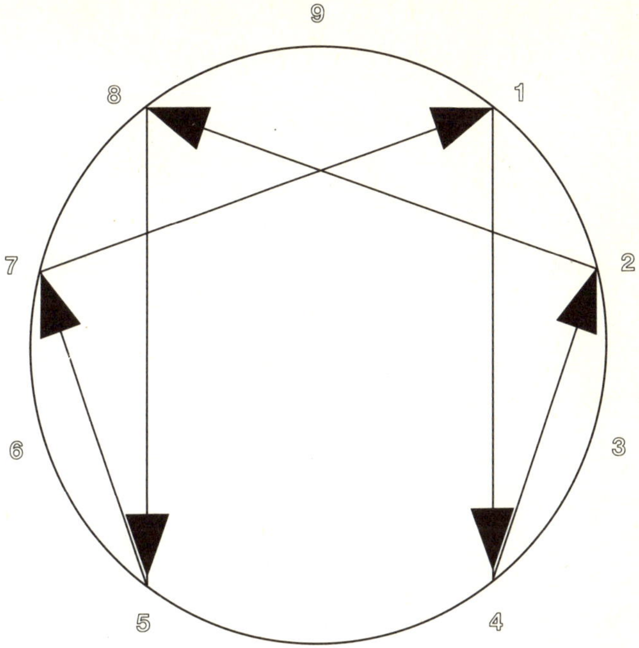

Abbildung 9: Bewegung unter Streß

Punkt Eins

Wenn eine Eins unter *Streß* steht, übernimmt sie einige Strategien der Vier. Sie kann melancholisch und launenhaft werden. Vielleicht sehnt sie sich nach der guten alten Zeit zurück und sieht die Vergangenheit durch eine rosa Brille, die sie perfekt erscheinen läßt. Möglicherweise kommt es ihr so vor, als seien andere Menschen glücklicher als sie selbst, und sie wird eifersüchtig.
Wenn die Eins der *Bewegung des Herzens* folgt, nimmt sie Merkmale der Sieben an. Sie hat Freude daran, Reisen zu planen und Landkarten zu betrachten. Sie hat auch Spaß an kleinen, technischen, arbeitsparenden Errungenschaften, die den Sinn fürs Praktische der Eins und die Spielfreude der Sieben in sich vereinen. Es ist gut möglich, daß das Schweizer Armeemesser, der elektrische Dosenöffner und die Geschirrspülmaschine von Einsern erfunden wurden. Wenn sich die Eins in einem entspannten Zustand befindet, unternimmt sie vielleicht eine Reise und kann sie sogar genießen - allerdings packt sie sie höchstwahrscheinlich mit allen möglichen Aktivitäten und organisierten Ausflügen voll.

Punkt Vier

Eine Vier benimmt sich unter *Streß* wie eine Zwei. Das heißt, die Vier fängt unter Streß an, die Person, die die Macht innehat, zu umsorgen. Manchmal bedeutet der Beginn einer neuen Beziehung Streß für die Vier. Dann verhält sie sich anfangs wie eine Zwei, ordnet sich dem Partner unter und sorgt für ihn. Sie gibt ihr Leiden auf, macht ein fröhliches Gesicht und ist hilfreich. Vielleicht gibt sie dir gute Ratschläge oder kocht für dich - besonders wenn du die Macht im unmittelbaren Universum der Vier verkörperst.
Wenn Vierer sich entspannen, ihr Herz öffnen und nicht auf der Hut sind, verhalten sie sich wie Einser und tendieren dazu,

ärgerliche Perfektionisten zu werden. Sie fangen an, alle Schwachpunkte und kleinen Unvollkommenheiten des Partners zu entdecken.
So verstärkt die Vier ihr ewiges Melodrama um Verlassenwerden und Mangel an Selbstwertgefühl. Wenn du in ihr Leben trittst, bist du erst einmal der perfekte Traumpartner. Vielleicht steht die Vier unter Streß und behandelt dich wie einen König. Sobald sie dich dann besser kennt und sich entspannt, kann sie mißmutig und überkritisch werden. Auf diese Weise vertreibt sie wieder einmal einen geliebten Menschen, und ihr Leben wird zu einer sich selbst erfüllenden Prophezeiung.

Punkt Zwei

Eine Zwei benimmt sich unter *Streß* wie eine Acht. Sie kann vor Wut toben und die Einrichtung zertrümmern. Wir kennen eine Selbsterhaltungs-Zwei, die als Chefsekretärin bei einem Wirtschaftsprüfer arbeitet. Eines Tages ging sie zur Bank, um eine größere Summe Bargeld einzuzahlen. Als sie bei der Bank ankam, war diese bereits geschlossen. Sie fing an, gegen die Tür zu hämmern und verlangte, hineingelassen zu werden. Sie rief: »Ich bin es!« Sie forderte Anerkennung für den Stolz, den sie aufgrund ihrer Stellung empfand. Als man die Bank nicht für sie öffnete, packte sie die Wut. Am nächsten Tag rief sie alle Klienten der Kanzlei an, die bei der betreffenden Bank ein Konto hatten, und veranlaßte sie, ihre Konten zu kündigen. Innerhalb eines Jahres sah sich die Bank gezwungen, die Filiale zu schließen.
Im *Herzen* der Zwei lebt eine romantische Vier. Oft fällt die Romantik der Zwei dem Bedürfnis zum Opfer, eine perfekte Mutter oder ein perfekter Partner zu sein. Aber knapp unter der Oberfläche ist diese Romantik stets vorhanden. Zweier begeistern sich für das Romantische und Erregende einer neuen Liebe.

Punkt Acht

Die Acht zieht sich unter *Streß* in die Fünf zurück. Wir kennen einige Achter, die erzählen, sie hätten jahrelang unter permanentem Streß gestanden, zum Beispiel während der letzten Schuljahre. Zu dieser Zeit verkrochen sie sich in ihrem Zimmer, hatten kaum Kontakt zur Außenwelt und lasen Bücher. Die Acht hat in der Fünf die Möglichkeit, tief nach innen zu gehen. Sie kann den Rückzug aber auch benutzen, um der Wahrheit zu entkommen.

Wir kennen einen Achter, der von seiner Frau unter Druck gesetzt wurde, weil sie wollte, daß er seine Gewohnheiten ändere. Um Schmerz zu vermeiden, vertiefte er sich dann in eine Zeitschrift. Eine uns bekannte weibliche Acht stand während ihres gesamten Universitätsstudiums unter Streß. Die meiste Zeit verbrachte sie in der Bibliothek mit anthropologischer Forschungsarbeit. Sie machte sich mit schamanistischer Musik verschiedener Kulturen der Welt vertraut. Heute leitet sie international Workshops und drückt das, was sie unter Streß gelernt hat, durch ihren Achter-Charakter aus. Dieses Beispiel zeigt, wie der streßbedingte Rückzug später der Stärkung des Egos dienen kann.

Die Acht ist in ihrem *Herzen* eine Mutter. Man könnte sagen, im Herzen des Gesetzlosen wohnt eine sorgende, liebevolle Zweier-Mutter. Aber wenn die Acht anfängt, dich zu umsorgen, tut sie es als Acht - das heißt, sie übertreibt es. Wenn du zum Abendessen kommst, stehen zu viele verschiedene Vorspeisen und zu viele Flaschen Wein auf dem Tisch. Alles getreu dem Achter-Motto: Mehr ist besser.

Punkt Fünf

Wenn Fünfer unter *Streß* stehen, nähern sie sich der Sieben. Sie schmieden Zukunftspläne und machen vielleicht eine Reise. Wir kennen einen Fünfer, der in New York mehr schlecht als recht sein Brot als Musiker verdiente. Es war zwar ein exzellenter Pianist, der eine Vielfalt musikalischer Stilarten beherrschte, aber er war zu still und zurückgezogen, um in der Öffentlichkeit großen Erfolg zu haben. Nachdem er ein paar Jahre hinter sich gebracht hatte, in denen er kaum das Nötigste zum Leben verdiente, plante er, Jura zu studieren. Da er seinen Schulabschluß auf einer Musikhochschule gemacht hatte, fehlte ihm die erforderliche Hochschulreife. So büffelte er ganz alleine, und ohne jemandem etwas davon zu sagen, legte er die notwendigen Prüfungen ab, wurde zum Jurastudium zugelassen und an einer der besten Universitäten Amerikas angenommen. Erst dann teilte er seiner Familie mit, daß er nach Kalifornien gehen und Jura studieren würde. Die Jahre, die er unter Streß gestanden hatte, verbrachte er damit, sorgfältig und im geheimen zu planen.

Im *Herzen* der Fünf wohnt ein Gesetzloser. Fünfer sind die konsequentesten Nonkonformisten des Enneagramms. In einem Zustand der Entspannung und Offenheit können sie zwar prahlen, größenwahnsinnig werden, schreien und Türen zuknallen, aber fast nie benehmen sie sich so asozial wie Achter. Dabei haben sie durchaus asoziale Ansichten und schlagen sich auf die Seite der Unterlegenen. Wenn sie einmal ihre Loyalität zugesagt oder sich für etwas entschieden haben, können sie in ihrer Entschlossenhit unbeugsam sein.

Wir kennen jemanden, der das Enneagramm zu Hilfe nimmt, um Geschworene bei Gericht auszuwählen. Wenn er für die Verteidigung arbeitet und ganz besonders, wenn der Angeklagte als Unterlegener im Kampf gegen das Establishment dargestellt wird, versucht er möglichst viele Fünfer in der Jury unterzubringen. Fünfer werden vielleicht nicht Sprecher der Geschworenen, aber sie halten an ihrem Urteilsspruch fest, auch wenn die anderen Geschworenen großen Druck auf sie ausüben.

Punkt Sieben

Eine Sieben wird unter *Streß* ärgerlich und kritisch wie eine Eins. Sie kann stur und launisch erscheinen und den Charme der Sieben verlieren. Wir kennen einen Siebener, der die Küche in einem großen Workshop-Center leitet. Für gewöhnlich ist er heiter und spielerisch. Wenn er anfängt, kratzbürstig und mißmutig zu werden, wissen die Angestellten, daß ein Volleyballspiel bevorsteht.
Im *Herzen* der Sieben lebt eine Fünf. Siebener lieben es wie die Fünf, billig zu leben und ihr Geld zusammenzuhalten. Die Art der Sieben, Verpflichtungen und Intimität aus dem Weg zu gehen, ist eine Version des Fünfer-Verhaltens, bei dem intimer Kontakt durch Rückzug vermieden wird. Da die Sieben das Herz einer Fünf besitzt, fühlt sie sich im allgemeinen zu verletzlich und schwach, um einen anderen Menschen wirklich an sich heranzulassen. Sowohl Fünfer als auch Siebener lieben das Abenteuer, ein Fremder im fremden Land zu sein, da sie auf diese Weise inkognito und ungefährdet Kontakt zu anderen Menschen haben können.

Die höhere Oktave

Alle Punkte des Enneagramms halten Lektionen für uns bereit. Da jeder von uns alle Muster in sich hat, können wir von jedem Punkt vieles lernen. Die höhere Oktave der einzelnen Punkte gibt uns einen Überblick über die Lektionen, die wir in uns aufnehmen und lernen müssen.

Punkt Neun

In der Neun ist das Zuhause des Heiligen. An dieser Stelle tritt heilige Liebe in das Enneagramm ein. Heilige können alle Standpunkte einnehmen. Heilige können alle Kinder lieben. Heilige diskriminieren nicht unnötig. Mutter Teresa ist eine Neun. Sie gibt ihre Liebe den Bettlern, die in den Straßen von Kalkutta sterben. Es ist ihr gleichgültig, was für einen Beruf jemand hat oder ob er gute Taten vollbracht hat. Sie liebt das essentielle Wesen der Menschen, in dem sie Christus erkennt. Es handelt sich hier nicht um romantische oder sexuelle Liebe, obwohl sich die Neun sehr leicht in der Sinnlichkeit erotischer Liebe verliert. Sinnlichkeit und Romantik sind von der heiligen Liebe nicht ausgeschlossen und können in ihr zum Ausdruck kommen. Heilige Liebe bedeutet, den göttlichen Teil in jedem von uns zu erkennen. Das ist die Lektion, die in der Neun liegt.

Liebe bedeutet in diesem Zusammenhang, zu geben, ohne Gegenleistungen zu erwarten. Es geht hier nicht darum zu nehmen. »Ich liebe dich« wird so oft mit der Betonung auf dem »Ich« ausgesprochen. Dabei geht es dann nicht sosehr um Liebe, sondern mehr um das Ich, das liebt. Das kann bedeuten: »Ich fühle mich gut« oder: »Es ist gut für mich, dich zu lieben« oder oft: »Ich liebe dich für das, was du für mich tust.« Das ist nicht die heilige Liebe, von der wir hier sprechen. Heilige Liebe bedeutet reines Geben.

Der Weg des richtigen Handelns stellt ein Dilemma für die

Neun dar, weil sie die Tendenz hat, die heilige Liebe zu fühlen und jegliche Handlung in Wirkungslosigkeit verschwimmen zu lassen. Richtiges Handeln besteht darin, das Gefühl klar zu umreißen und sozusagen auf Kurs zu halten, indem man jedem Augenblick der Realität vollständig bewußt und aufmerksam gegenübertritt. Mutter Teresa wandelt nicht durch die Straßen und singt: »Ich liebe euch.« Sie organisiert Hilfsmissionen. Sie bringt andere Menschen dazu, bei ihren Unternehmungen mitzumachen. So nimmt sie Einfluß auf die Welt. Sie bringt ihre Liebe auf eine Art zum Ausdruck, die jeden Menschen auf diesem Planeten berührt.

Jeder von uns kann anfangen, die Lektion der Neun in sich aufzunehmen, indem er lernt, den göttlichen Teil in jedem Menschen zu sehen. Wir können damit beginnen, uns unterschiedlichen Standpunkten zu öffnen und sie anzuhören. Dabei hilft es uns zu sehen, daß selbst der Kränkste und Schlechteste unter uns, der ein wahrhaft destruktives Weltbild hat, in seiner Seele einen göttlichen Funken besitzt und das Bedürfnis hat, glücklich zu sein. Wenn wir diesen Funken und dieses Bedürfnis erkennen, können wir beginnen, das Leiden und die Destruktivität, die aus dem Leiden entsteht, zu heilen.

Punkt Eins

Der Herrscher hält an der Idee der Perfektion fest. Jeder von uns trägt irgendwo das kosmische Bewußtsein in sich und die Fähigkeit, die Perfektion jedes Augenblicks zu erkennen. Diese Fähigkeit erlaubt es uns, den Mikrokosmos im Kontext der makrokosmischen Perfektion zu sehen. Anstatt sich auf das zu konzentrieren, was momentan nicht in Ordnung ist, und darüber ärgerlich zu werden, sehen wir das, was nicht in Ordnung ist, als Geschenk an, das der Manifestation des kosmischen Plans in seinem Gesamtaufbau dient.

Diese Anschauung ermöglicht den Weg der heiteren Ruhe. Heitere Ruhe bedeutet, den Weg der goldenen Mitte zu kennen, der Gegensätze ausgleicht. Heitere Ruhe bedeutet, die ewige Harmonie zu erkennen und zu wissen, daß es nichts gibt, was aus einem Gefühl von Zorn heraus getan werden müßte. Das heißt nicht, daß Einser kraftlos und ineffektiv werden. Ganz im Gegenteil - die Eins ist der Herrscher. Die Qualität des Handelns wird jedoch aus einer anderen Haltung heraus motiviert. Die Eins, die in jedem von uns vorhanden ist, hat einen sehr hochentwickelten Sinn für Moral. Mahatma Gandhi war ein Mensch, der die heitere Ruhe der Eins kultivierte. Er handelte nicht aus Zorn, sondern aus der moralischen Reinheit einer höheren Vision heraus. Auf der höheren Einser-Ebene arbeiten wir unermüdlich, aber nicht zwanghaft. Wir sind willens, uns und andere zu verteidigen, und wir sind bereit, die Autorität anzugreifen, wenn es um hohe moralische Zielsetzungen geht. Aber es geschieht nicht aus Zorn.

Darin liegt die Lektion, die wir von der Eins lernen können. Wenn du die Einser in deinem Leben beobachtest, wird dir ihr starkes, unabhängiges Denken auffallen. Wir können unser Wesen nach der Einser-Fähigkeit modellieren, einem höheren Wert treu zu bleiben und Versuchungen von außen nicht zu erliegen. Man denke an Tolstoi, der als russischer Adliger geboren wurde und dann sein Leben in den Dienst der mißhandelten Bauernschicht stellte. Tolstoi folgte seinem Gewissen; er kleidete sich wie die Bauern und arbeitete wie sie, anstatt sich mit dem aristokratischen Komfort zu umgeben, in den er hineingeboren worden war und der seine Jugend bestimmte.

Punkt Acht

Auf der einen Seite des Heiligen steht der Herrscher, auf der anderen steht der Krieger. In der Acht kommt ein anderer Aspekt der Vollkommenheit zum Ausdruck - die heilige Wahrheit. Man könnte sagen, die Acht führt im Kontext von heiliger Liebe und heiliger Perfektion das Schwert der Wahrheit. Der tibetanische Buddhismus spricht oft von dem »erbarmungslosen Schwert des Mitgefühls«. Dieses erbarmungslose Schwert des Mitgefühls bezeichnet das durchschneidende Vorstoßen bis auf den wahren Kern der Dinge.

Dieses Schwert kann nur richtig gehandhabt werden, wenn wir den Weg der Unschuld gehen. In der Fixierung verhaftete Achter beteuern immer auf die eine oder andere Art ihre Unschuld. Aber auf dem Weg der Unschuld gibt es nichts zu beteuern, da es nichts zu verteidigen gibt. Es gibt weder Verteidigung noch Beschuldigung. Die in der Fixierung verhaftete Acht beteuert ihre Unschuld, um sich zu verteidigen, und gibt den anderen die Schuld. Diese Beschuldigung wird dann oft als »die Wahrheit sagen« bezeichnet. Solange es etwas zu verteidigen oder zu rechtfertigen gibt, kann es keine Unschuld geben. Unschuld stellt sich offen und ohne Deckung dem Augenblick, sie bedient sich nur des erbarmungslosen Schwertes des Mitgefühls.

Jeder von uns kann den Mut entwickeln, ohne Panzer in die Welt hinauszugehen. Wie alle anderen Aufgaben beginnt auch diese zu Hause. Wie wäre es, jedem Augenblick neu gegenüberzutreten, ohne den Schutz, der im Rechthaben liegt? Und ohne Schuldzuweisung in jedem Augenblick einer Beziehung wieder so unvoreingenommen wie ein Baby zu sein? Das ist die Aufgabe, die die Acht für uns beinhaltet. Denn sobald wir unser Schulddenken los sind, besitzen wir die Freiheit, die Wahrheit zu sagen. Auf diese Weise dient unsere Wahrheit anderen.

Jeder von uns hat folgendes schon einmal erlebt: Wir sehen ganz klar eine Wahrheit, die ein Mensch, den wir mögen, hören sollte. Dann drücken wir diese Wahrheit auf eine Art aus, die das Gegenteil von dem bewirkt, was wir beabsichtigen. Wir wollen, daß der andere die Wahrheit hört, daß er untersucht, ob sie für ihn auch wahr ist, und daß er sie dann in sein Leben aufnimmt. Statt dessen wird er defensiv und streitet mit uns. Dann beschuldigen wir den anderen möglicherweise, die Wahrheit nicht hören zu wollen. Wenn wir unschuldig sind und nichts zu verteidigen haben, lernen wir die subtile Handhabung des Schwertes des Mitgefühls. Auf diese Weise nützt es allen, mit dem Krieger in uns in Kontakt zu kommen.

Punkt Drei

Punkt Drei ist der Ort des Magiers. Der Magier besitzt die Fähigkeit, die kosmische Vision auf der Ebene der Materie zu manifestieren. Er versteht das heilige Gesetz und wendet es an. Das heilige Gesetz erlaubt die Materialisation des kosmischen Traumes. Denn in Wahrheit existiert so etwas wie Magie nicht. Wir bezeichnen etwas als Magie, wenn wir nicht sehen und nicht verstehen, wie Tricks oder Wunder zustande kommen. Jegliche Manifestation folgt dem kosmischen Gesetz. Es gibt kosmische Gesetze und kosmische Prinzipien; der Magier kennt sie und wendet sie an.

Der Magier steht zwischen der Göttin und dem Künstler; er wendet das kosmische Gesetz an, um den kosmischen Plan zu manifestieren. Die Arbeit des Magiers wird durch die Sanftheit der Göttin und durch die Ästhetik des Künstlers vervollkommnet.

Um fähig zu werden, seine Arbeit zu tun, muß der Magier zur Ruhe kommen. Die unerleuchtete Drei glaubt, würde sie einmal stillstehen, bräche die Welt in sich zusammen. So trägt die Drei die Last der Welt auf ihren Schultern. Wenn die Drei das heilige Gesetz versteht, schmilzt die Illusion dieser Last dahin. Wenn der Magier diesen Punkt erreicht hat, hört er auf, Dinge zu produzieren, die oberflächlich von der Gesellschaft belohnt werden. Statt dessen beginnt er, die Manifestation der kosmischen Vision zu produzieren.

Der Weg ist hier Wahrhaftigkeit. Um die heiligen Gesetze manifestieren zu können, muß die Drei erst lernen, die Wahrheit über sich selbst zu sagen. Die Demaskierung der Drei führt bis zum Kern der Hysterie, in dem es darum geht, daß die Drei nicht um ihrer selbst willen geliebt wird. In jedem von uns findet sich ein Teil, der glaubt, wir könnten nicht um unserer selbst willen geliebt werden. Also spielen wir eine Rolle. Und dabei verkaufen wir uns. Als Magier holen wir uns die Kraft der Manifestation zurück und benutzen sie zum Wohle des Ganzen.

Punkt Zwei

In der Zwei ist das Zuhause der Göttin; ihr Geschenk ist die heilige Freiheit. Wir alle sind auf irgendeine Weise versklavt. Wir werden zu Sklaven durch die Erwartungen der Gesellschaft, durch unsere Programmierung, durch unsere Glaubenssätze und vielleicht durch staatliche Gesetze. Die Göttin schenkt uns wirkliche Freiheit.

Der Weg ist hier Demut. Demut führt zur Befreiung. Wir haben uns unausgesetzt um Freiheit bemüht und sind dabei arrogant geworden. Wir wollen Freiheit aus einer Haltung von Stolz und Überheblichkeit heraus erlangen und schicken uns damit selbst in die Sklaverei zurück. Uns allen hat man beigebracht zu glauben, Freiheit erlange man durch Kampf. Wieviel schöner ist es, zu entdecken, daß Freiheit durch Demut erreicht wird.

Für die Zwei besteht die Sklaverei in der Prostitution, die darin liegt, für andere zu sorgen, um selbst etwas wert zu sein. Stolz treibt die Maschine an. Jeder von uns findet einen Teil in sich, der Freiheit für Ego-Streicheleinheiten verkauft. Jeder von uns ist auch die Göttin, die die Möglichkeit wirklicher Freiheit und Demut besitzt.

Demut ist die Fähigkeit, um Hilfe zu bitten. Wir können nicht wirklich um Hilfe bitten, wenn wir voller Überheblichkeit und Stolz sind oder wenn wir uns minderwertig fühlen. Im ersten Fall glauben wir, die Hife nicht nötig zu haben, im zweiten glauben wir, der Hilfe nicht wert zu sein. Wenn wir voller Stolz sind und einen spirituell erleuchteten Moment erleben, hält unser Ego das für sein Verdienst. Daraus entsteht dann das

Achter-Konzept, demzufolge Freiheit darin besteht, mit dem Kopf durch die Wand zu gehen. Die Bescheidenheit und die Demut der Göttin erlauben es uns, um Hilfe zu bitten, damit wir statt dessen die Tür finden können.

Punkt Vier

Der Künstler gibt uns das Geschenk des heiligen Ursprungs – das Gefühl, wie durch eine Nabelschnur mit unseren kosmischen Eltern verbunden zu sein. Die Verbundenheit mit der Erde als Mutter und der Sonne als Vater macht den Anfang. Wenn wir unsere wahre Zugehörigkeit zum Kosmos spüren, dann wird Gleichmut unser Weg.

Dieser Gleichmut ähnelt der heiteren Ruhe der Eins. Der Unterschied liegt darin, daß heitere Ruhe einen geistigen Zustand bezeichnet, während es sich bei Gleichmut um einen emotionalen Zustand handelt. Wenn unser Herz voller Gleichmut ist, befinden wir uns in einem emotionalen Meer der Stille. Aus dieser reinen Stille heraus können wir unsere kosmische Herkunft als Kunstwerk in der Welt ausdrücken.

Auf dem Weg zu diesem veredelten Zustand lehrt uns die Vier den Sinn für Ästhetik. Die weniger erleuchtete Vier zeigt, daß sie wert ist, geliebt zu werden, indem sie einen einzigartigen Stil entwickelt. Jeder von uns findet etwas von der Vier in sich und jeder kann lernen, diesen Stil und diese Sensibilität zu entwickeln. Jeder von uns fühlt sich irgendwie entwurzelt. Wir alle leiden unter dem Gefühl, alleine in diese Welt geschickt worden zu sein. Vielleicht hat jeder von uns schon einmal das schmerzliche Gefühl gehabt, irgendwie sei alles ein großer Fehler, wir seien unter Fremden in eine grausame Welt voller Härte und Mißverständnisse hineingeboren worden. Aus solchen Gefühlen und aus der Sehnsucht, wieder mit dem Ursprung verbunden zu sein, entsteht emotionale Sensibilität. Aus dieser Sensibilität heraus wird wirkliche Kunst geboren.

Punkt Sechs

In der Sechs ist der Heldenvater zu Hause. Der Heldenvater beschützt die Familie. Was das bedeutet, kann man bei den amerikanischen Ureinwohnern sehen. Bei einigen Indianerstämmen gibt es die Schwitzhütten-Zeremonie. Die Schwitzhütte stellt metaphorisch die Rückkehr in die Gebärmutter der Mutter Erde dar. Beim Betreten der Schwitzhütte ruft jeder: »Alle meine Verwandten!« Das ist eine Anrufung, eine Art Gebet, das »alle meine Verwandten« bittet, als Zeugen anwesend zu sein. Wenn wir »alle meine Verwandten« anrufen, so schließt das Kinder, Liebhaber, Eltern, Ehepartner, Großeltern, Tanten, Onkel und Vettern ein und alle Ahnen seit dem Beginn der Zeit. Auf diese Weise beschwören wir unseren Stammbaum. So werden wir zum Bug eines gewaltigen Schiffes, und all die, die mit uns in Beziehung stehen, bilden einen unendlichen Keil hinter uns. Das ist der Heldenvater.

Darin liegt das Geschenk der Sechs. Die Sechs ist der Held für alle Verwandten. Sie schöpft aus der Kraft aller Verwandten und sie beschützt alle Verwandten mit der heiligen Idee des Vertrauens. Dieses Vertrauen hat zwei Seiten. Es beinhaltet wirkliches Vertrauen zu sich selbst und Vertrauen in etwas Größeres als das Selbst. Das Vertrauen zu sich selbst bildet das Gegenmittel zum Zweifel. Es bildet das Gegenmittel zu der geistigen Unruhe und Verwirrung, die der Sechser-Anteil in jedem von uns entstehen läßt. Dieses Vertrauen ist das Vertrauen in das grundlegend Gute in uns selber. Wenn wir das grundlegend Gute in uns erkennen, dann haben wir das Vertrauen und den Mut, um zu handeln.

Das Dilemma der Sechs liegt im Handeln. Zweifel begleitet jede mögliche Tat. Aber wenn ich meinen eigenen grundsätzlichen Zielen vertraue und Vertrauen in einen größeren Zusammenhang habe, dann kann ich den Mut entwickeln, der zum Handeln nötig ist, und ich kann zum Helden für »alle meine Verwandten« werden. So unterstützen Himmel und Erde die Taten und machen den Weg frei.

Krishnamurti war eine Sechs. Er entwickelte tiefes Vertrauen zu sich selbst und Integrität in bezug auf seine Wahrheit. Er weigerte sich, einen Guru aus sich machen zu lassen. Statt dessen zwang er die Menschen dazu, sich selbst zu vertrauen. Er gab den Menschen, die um ihn waren, die Kraft, sich selbst als Helden zu entdecken, statt ihn als Guru zu verehren.
Die Sechs schenkt uns die Kraft, um Loyalität, Pflichtgefühl und Mut zu entwickeln, die wir auf unserem Schicksalsweg brauchen.

Punkt Fünf

Der mystische Philosoph trägt die heilige Idee der Allwissenheit in sich. Die unerleuchtete Fünf verfolgt dieses Ziel, indem sie Informationen Stück für Stück zusammenträgt. Gelehrsamkeit können wir alle von der Fünf in uns lernen. Aber auf der höheren Oktave geht es hier um die Fähigkeit, in das eine allumfassende Wissen einzutauchen. Wirklich allwissend zu sein heißt, sich mit der Quelle zu verbinden, aus der heraus sich das Universum manifestiert. Das ist der Zustand des Buddhas. Buddha war eine Fünf. Es handelt sich hier um einen Prozeß, in dessen Verlauf man sich vollständig öffnet und alle Barrieren, Unterscheidungen und Beschränkungen des Egos fallenläßt.
Der Weg ist Nicht-Anhaften. Unser Anhaften hält uns eingesperrt und klein. Unser Festhalten an irdischen und persönlichen Begrenzungen hindert uns daran, uns mit dem einen allumfassenden Wissen zu verbinden. So zeigt uns die Fünf den Weg des Loslassens. Wenn wir alles unnötige Gepäck hinter uns lassen, können wir uns entwickeln. Das meinte Jesus, als er sagte, es gehe eher ein Kamel durch ein Nadelöhr, als daß ein Reicher in den Himmel käme. Wir halten an unseren Begrenzungen und an Dingen fest und versuchen, so in den Himmel zu kommen. Dieses Festhalten macht uns schwerfäl-

lig und hindert uns daran, uns mit dem einen allumfassenden Wissen zu verbinden.

Punkt Sieben

Das magische Kind schenkt uns die heilige Arbeit. Die heilige Arbeit hat drei wichtige Bestandteile. Erstens bedeutet heilige Arbeit, zu wissen, daß du mit dem göttlichen Plan verbunden bist. Darin liegt eine Variation des Vertrauens der Sechs. Die Sieben gibt uns das Vertrauen in einen göttlichen Plan, dessen Manifestation unser Leben auf der Erde dient. Heilige Arbeit bedeutet zu wissen, daß jeder von uns in der spirituellen Evolution der Menschheit eine Rolle spielt und etwas Einzigartiges zum kosmischen Spiel beiträgt.

Zweitens heißt heilige Arbeit, für etwas Größeres als das individuelle Selbst zu arbeiten. Heilige Arbeit transzendiert die Arbeit und die Sorgen, die sich lediglich mit dem tagtäglichen Überleben des Individuums befassen und so zur Plackerei und Falle werden. Heilige Arbeit bedeutet, für das allgemeine Wohl zu arbeiten. Wenn wir dem Göttlichen und der menschlichen Gemeinschaft dienen, engagieren wir uns für etwas Größeres als für ein individuelles Leben.

Drittens macht heilige Arbeit Spaß. Das große Geschenk, das Punkt Sieben für uns bereithält, ist die Erkenntnis, daß heilige Arbeit ein Spiel ist. Wenn wir das, was wir tun, wirklich gerne tun, und wenn wir dem Leben selbst dienen, dann verschwindet der Unterschied zwischen Arbeit und Spiel - dann empfangen wir die Gabe des magischen Kindes.

Der Weg ist Nüchternheit. Nüchternheit bedeutet, willens zu sein, sich dem Augenblick zu stellen. In der Fixierung verhaftete Siebener benutzen Rauschmittel jeglicher Art - Drogen, Menschen, neue Ideen oder Orte -, um sich nicht auf das Wesentliche des gegenwärtigen Augenblicks einlassen zu müssen. Die Sieben weiß, daß heilige Arbeit Spaß macht, und sie benutzt diese intuitive Einsicht, um das Vermeiden von möglichem Schmerz und Leid zu rationalisieren. Da jeder Augenblick einer Beziehung die Möglichkeit von Schmerz beinhaltet, errichtet die Sieben in Momenten scheinbarer Intimität immer wieder versteckte Barrieren gegen diese Intimität. Das kann sich in der Dichotomie von Unterlegenheit und Überlegenheit ausdrücken. Dann hebt die Sieben den anderen ständig empor oder macht ihn nieder und proklamiert gleichzeitig Ebenbürtigkeit. So kann die Sieben die heilige Idee mißbrauchen, um nicht den Weg der Nüchternheit gehen zu müssen.

In jedem von uns wohnt ein magisches Kind. Wir alle haben die Möglichkeit, in der tiefen Intimität jedes einzelnen Augenblicks aufzugehen und am göttlichen Spiel teilzuhaben.

Schlußwort

Wenn man das System des Enneagramms erlernt hat, gibt es viele verschiedene Ebenen der Anwendung. Die erste und vielleicht fundamentalste ist die Beziehungsebene. Familie, Kultur und Zivilisation sind Strukturen, die sich auf zwischenmenschlichen Beziehungen aufbauen. Wir sind soziale Lebewesen; unsere Beziehungen bestimmen, ob wir im Himmel oder in der Hölle leben.

Die meisten Menschen sind unzufrieden mit ihren Beziehungen. Die meisten von uns haben Schwierigkeiten mit Familienmitgliedern. Ich kenne einen 96jährigen Mann, der ständig mit seinem 92jährigen Bruder streitet. Er betrachtet seinen jüngeren Bruder immer noch als verantwortungsloses Baby.

Wenn diese beiden Männer das Enneagramm kennen würden und wüßten, daß der ältere Bruder eine Acht ist, während der Jüngere in der Sieben fixiert ist, dann würden sie vielleicht verstehen, wo die Unterschiede zwischen ihnen und wo ihre Stärken liegen. Die meisten Menschen sind von ihren Beziehungen enttäuscht, weil sie versuchen, Äpfel von einem Birnbaum zu ernten.

Wird das Enneagramm auf der Ebene der Familie angewendet, kommt Klarheit in die Familiengeschichte. Leid, Sorgen, Enttäuschungen, Trauer und Kommunikationsschwierigkeiten können in einem größeren Zusammenhang gesehen werden. Unser Verständnis für Eltern, Kinder und Partner erreicht eine viel größere Tiefe.

Dieser Wandel muß nicht gleich auffallen. Bei der ersten Berührung mit diesem System sehen wir vielleicht nur die mechanische Seite der Fixierungen. Möglicherweise sind wir dann erst einmal verwirrt und haben das Gefühl, das Geheimnisvolle am Leben sei ruiniert. Alles erscheint dann vorhersagbar. Auf dieser Ebene findet der erste Heilungsprozeß statt.

Auf dieser Stufe verstehen wir, wie mechanisch das Leben abläuft. Von einer zurückgezogenen Fünf, die die unsoziale Seite der Dichotomie manifestiert, würden wir nicht erwarten, daß sie sich wie eine soziale Zwei verhält. Wenn wir das verstanden haben, werden unsere Beziehungen sehr viel einfacher. Das Leben wird einfacher, und wir können den Heilungsprozeß auf tieferen Ebenen ansteuern. Wenn wir die Maschinerie erkannt haben, können wir anfangen, den Lebensfunken zu entdecken, der durch sie hindurchscheint.

Der nächste Schritt besteht darin, uns selbst zu verzeihen. Wenn wir begreifen, wie sehr unser Leben von der mechanischen Fixierung bestimmt wird, können wir das Muster erkennen und dem in dieser Struktur gefangenen Bewußtsein verzeihen. Wir können einen Prozeß in Gang setzen, in dessen Verlauf wir dieses Verzeihen bewußt in die Vergangenheit lenken und dabei an jedem Punkt unserer Lebensgeschichte haltmachen, der von Anspannung, Verleugnung oder Leid geprägt ist. Jede Szene unserer Vergangenheit kann bewußt in einem neuen Licht gesehen werden, wenn sich Bewußtsein und Unterbewußtsein im Verzeihen vereinen.

Die Erinnerung stellt einen aktiven Prozeß der Vorstellungskraft dar. Wir erinnern uns im Rahmen unserer gegenwärtigen Verfassung. Wir erinnern uns an bestimmte Dinge unserer Vergangenheit, und diese Erinnerungen verändern sich - sie passen sich an unsere Gegenwart an. Mit dem Verständnis, das uns das Enneagramm lehrt, können wir uns Schritt für Schritt mit unserer Vergangenheit aussöhnen. Dabei transformieren wir nicht nur die Erinnerungen der Vergangenheit, sondern auch die Lebensqualität unserer Gegenwart.

Finde heraus, welche Muster dich geformt haben. Mache dir klar, wie deine gegenwärtigen Glaubenssätze, Haltungen und Verhaltensweisen diese Kindheitsmuster reflektieren. Begegne deinem jüngeren Selbst mit Mitgefühl: Du hast damals getan, was du konntest. Erkenne das grundlegend Gute in dir, das unter den Schichten der Fixierung verborgen liegt.

Jeder von uns hat alle Fixierungen in sich. Wir alle bestehen aus einer Konstellation innerer Charaktere. Wir haben Muster unserer Eltern übernommen. Du kannst sicher sein, die Fixierungen deiner Mutter und deines Vaters in dir wiederzufinden.

Wenn wir mit unseren Arbeitskollegen zusammen sind, kommt eine andere Seite von uns zum Ausdruck, als wenn wir miteinander schlafen - und wieder eine andere, wenn wir streiten. Wir haben alle Fixierungen in uns. Unsere Aufgabe besteht darin, sie alle zu heilen. Die Kernfixierung ist am schwersten zu heilen, aber sie ist auch unser stärkster Verbündeter. Der Heilungsprozeß bringt uns an die Wurzel unseres Wesens; die Arbeit an unserer Kernfixierung ist ein Ringkampf mit dem Leben und mit der Bedeutung, die wir dem Leben gegeben haben. Dieser Ringkampf wird später zu einer tantrischen Umarmung - wir lernen, durch die Fixierung den Weg nach Hause zu finden.

Das Verzeihen kann dann auf die Familie ausgedehnt werden. Fange mit Mutter und Vater an, und lasse alle sie betreffenden Erinnerungen an deinem geistigen Auge vorbeiziehen. Lasse Szenen aus deinem Unbewußten aufsteigen, erlaube Bewußtem und Unbewußtem in gleichem Maße, an dem Prozeß teilzuhaben. Betrachte jede schmerzliche Erinnerung mit Distanz und sehe sie mit neuen Augen. Lerne die Lektion, die in jeder Erinnerung liegt. Beobachte, wie sich die Fixierungen in deinem Leben und im Leben der anderen auswirken.

Lerne die Fixierungsmuster deiner Familie zu verstehen. Verzeihen kommt aus der Vereinigung von Herz und Verstand. Es hat nichts mit Verleugnen oder Stolz zu tun. Im Verzeihen liegt eine Möglichkeit, über begrenzte Dimensionen und beengendes Dualitätsdenken hinauszuwachsen. Erkenne die Schattenseiten und das Licht in jedem Mitglied deiner Familie. Erfasse das wesenhaft Gute, das unter all den Fixierungsmustern, Verhaltensweisen und Glaubenssätzen liegt. Wähle das Licht des erleuchteten Geistes und des mitfühlenden Herzens - es wird dir den Weg weisen.

Auf diese Weise durchdringt Verzeihen dein ganzes Wesen. Jetzt bist du für die nächste Stufe der Arbeit bereit.

Die wahre Natur des Geschenks, das das Enneagramm für uns bereithält, liegt darin, daß es über die Grenzen des gewöhnlichen Lebens hinausreicht. Wenn das Enneagramm nur ein

Werkzeug wäre, mit dessen Hilfe wir in der Lage wären, in größerer Harmonie mit unserer Umwelt zu leben, uns zu verzeihen und uns zu heilen, dann wäre das bereits mehr als genug. Doch das Enneagramm reicht über die sterbliche Welt hinaus und führt uns an die Tore der Unsterblichkeit.

In jedem von uns findet sich ein Teil, der sich immer wieder reinkarniert, von Leben zu Leben. In der christlichen Terminologie heißt dieser Teil die Seele. Die tibetanischen Buddhisten sagen, dieser Teil inkarniere sich als ein Stück kristallisierten Geistes. Der kristallisierte Geist nimmt die Erfahrung des Lebens auf der Erde in sich auf. Dieses Stück Geist ist Teil eines evolutionären Plans. Die Seele entwickelt sich hin zu selbst-bewußter Göttlichkeit. Wir befinden uns in einer Trainingsschule für Götter.

Die Facetten unseres kristallenen Geistes werden sorgfältig geschliffen. Es ist so, als ob man einen rohen Diamanten findet und vorsichtig die ihm innewohnende Form herausarbeitet.

Die Sinneseindrücke des Lebens auf der Erde sind wie Körnchen, die die Facetten des kristallisierten Geistes abschleifen. Wir bearbeiten eine Fläche unermüdlich mehrere Leben lang, bis sie klar wird.

Wir alle haben erfahren, wie sich Enttäuschung auswirkt. Wir sind in einem Meer von Verzweiflung ertrunken. Wir wurden unter einem Berg von Sorgen begraben, sind von Zusammenbrüchen und Streit verletzt worden. Wir wurden von Reue und von Erwartungen gezeichnet und von Angst und Entsetzen gequält. Auf diese Weise wird der Diamant gehärtet und veredelt.

Zwei Aufgaben sind uns gestellt. Die erste liegt im Reinigen des Spiegels der Seele – die Facetten des kristallenen Geistes müssen so rein und klar werden, daß das wahre Licht der Seele durch sie hindurchscheint. Das Enneagramm zeigt uns neun Facetten des Kristalls. Wenn wir diese reinigen, schleifen und polieren, werden neun neue in Erscheinung treten.

Aber an diesen Reinigungsprozeß ist eine zweite Aufgabe gebunden. Es ist die Aufgabe der Seele, sich in einer höheren Dimension des Seins zu kristallisieren. Es ist die Aufgabe der Seele, sich zu veredeln, eine feine und höhere Schwingungsdichte zu erreichen, um sich so zu kristallisieren und auf der nächsten Ebene des Seins bewußt zu werden. Unsere Arbeit besteht darin, den Kristall zu polieren und den Prozeß des Polierens als Sprungbrett in die Dimension der Unsterblichkeit zu nutzen.

Der Prozeß der Kristallisierung erfordert Hingabe, Klarheit und selbst-bewußte Schocks. Das Universum entwickelt Selbst-Bewußtsein nicht unbewußt. Bewußte Aufmerksamkeit und Wahrnehmung sind hierzu nötig. Das Enneagramm bietet uns ein Werkzeug, mit dessen Hilfe wir den Prozeß selbst-bewußter Schocks verstehen können.

Unser Leben auf der Erde ist ein Traum, der sich auf der Bühne von Raum und Zeit manifestiert. Das Leben und unsere Beziehungen sind die Reibungsfläche, durch die sich der Kristall des Geistes veredelt. Wenn wir die Fixierungen der Charaktertypen erlernen, können wir die mythische Form erkennen, die sich in einer leicht deformierten Art manifestiert - deformiert im Sinne von »nicht vollkommen bewußt«. Und doch ist darin potentiell die Erleuchtung enthalten. Die Deformierung entfremdeter Kultur kann wie ein Sandkorn wirken, das die Auster genügend irritiert, um sie zu veranlassen, eine Perle zu produzieren. So werden die Perlen der Weisheit für die Ewigkeit geschaffen.

Die Handhabung dieses Prozesses muß jeder von uns selbst herausfinden. Wir haben bereits alle Antworten auf unsere noch nicht gestellten Fragen in uns. Wir alle sind in unserem Zustand evolutionärer Entwicklung bereits perfekt. Unsere Aufgabe ist es, uns selbst und das Leben in jedem Augenblick voll anzunehmen. Wir sind der Samen und die Eiche. Auf die Fragen, die in uns aufsteigen, wenn wir uns im Stadium der Eichel befinden, hält die Eiche bereits die Antworten bereit. Wir sind wie Eicheln, die Wurzeln schlagen. Die Gärtner haben uns das Handbuch mit den Regeln gegeben, und wir sind im Besitz des reichhaltigen Komposts aller unserer Erinnerungen seit Anbeginn der Zeit. Wir sind alle Mörder und Diebe gewesen - so wie jeder von uns die Mutter des anderen gewesen ist. Es ist an der Zeit für universelles Verzeihen. Es ist an der Zeit zu erkennen, daß wir alle gemeinsam an diesem Prozeß planetarischer Evolution teilhaben.

Der große Fehler, den wir machen, liegt darin, zu denken, Erleuchtung sei etwas Ernstes und Spaß zu haben sei das Geheimnis der Fixierung. Dieses Denken ist ein Teil unseres schlafwandlerischen Traumes. Das Gegenteil davon ist wahr. Unsere Leidenschaften und Fixierungen bringen mechanisches Leiden mit sich. Wirkliche Erleuchtung führt uns zu echtem Spiel. Wenn wir das Leiden unserer Fixierung aufgeben, werden wir mit wahrer Kreativität und dem grenzenlosen Glück wirklicher Intimität belohnt. Unsere tiefsten Träume warten darauf, sich zu manifestieren, wenn wir aus dem Alptraum unseres Schlafwandlerdaseins aufwachen. Das Enneagramm gibt uns einen Plan in die Hand, mit dessen Hilfe wir unsere Schlafwandlertricks auf den subtilsten Ebenen erkennen können.

Es gibt uns ein Werkzeug, um aufzuwachen. Wir brauchen uns nicht länger dem Leiden auszusetzen, das unsere Leidenschaften gewohnheitsmäßig begleitet.

Ich habe nur noch einen Rat: sei sanft. Sei wie eine Mutter, die ihr geliebtes Baby aus einem langen Schlummer weckt. Sei sanft. Wache auf und habe Spaß dabei.

Kontaktadresse:

Institute For Advanced Hypnosis
P.O. Box 1311
Mill Valley, CA 94941
USA

Nachwort

(von Jabrane Mohamed Sebnat)

Seit das Enneagramm zu Anfang dieses Jahrhunderts durch die Bemühungen Gurdjieffs in das westliche Denken eingeführt wurde, stand es immer wieder im Zentrum von Forschungen und Studien. Über seinen Ursprung gibt es unterschiedliche Ansichten. Einige Forscher, darunter Ouspensky, vertreten die Ansicht, daß das Enneagramm aus der Sufi-Tradition stammt, andere Gelehrte wie Bennett halten es für wesentlich älter. Bennett nimmt an, daß das Symbol des Enneagramms und die Ideen, für die es steht, schon vor 2500 Jahren in der Sarman-Gesellschaft auftraten. Wieder andere halten das Enneagramm für eine reine Erfindung Gurdjieffs.
Ich las vor etwa 20 Jahren etwas über das Enneagramm und bat einen meiner Sufi-Lehrer, mir dessen Herkunft zu erklären. Er erzählte mir die folgende Geschichte:

»Vor langer, langer Zeit regierte ein Kaiser namens *Agram* über ein großes Reich. Es war ihm gelungen, weite Landstriche und Meere zu erobern. Mit Hilfe seiner Regierung und seiner Armee schuf er ein ausgeklügeltes System zur Kontrolle und Organisation seines Reiches und zur Beherrschung seiner Untertanen. Agram war ein mutiger und gastfreundlicher Patriarch. Er leitete die Staatsgeschäfte mit Autorität, Stärke und manchmal mit Gewalt. Kritische Standpunkte ließ er bei seinen Untertanen nicht zu; wer nicht völlig loyal war, setzte sein Leben aufs Spiel. Agrams Königreich lebte wirtschaftlich und politisch im Überfluß und wurde von all seinen Nachbarn darum beneidet.
Eines Tages veranstaltete Agram für seine engeren Mitarbeiter eine Treibjagd. Er war ein erfahrener Jäger, aber an diesem Tag fiel er so unglücklich von seinem Pferd, daß er sich sein rechtes Bein brach. Agram mußte mehrere Wochen still liegen, bevor er, mit Hilfe einer Krücke, wieder gehen konnte. Er war

sehr enttäuscht und niedergeschlagen darüber, daß er nicht mehr so sein konnte wie zuvor. Dem Kaiser in ihm schien diese Behinderung unannehmbar, und er rief alle Chirurgen, Ärzte, Heiler und Knochenspezialisten seines Reiches zu sich, um Hilfe zu finden. Sie taten ihr Bestes, aber keiner konnte es dem König ermöglichen, ohne Krücke zu gehen. Wochen- und monatelang war Agram zutiefst niedergeschlagen und verlor jede Freude am Leben. Er vernachlässigte völlig die Staatsgeschäfte, und in seiner Regierung wuchsen Unruhe und Sorge über die schädlichen Folgen dieses plötzlichen Machtvakuums im Reiche. Schließlich berief der Kanzler eine außerordentliche Sitzung der gesamten Regierung ein. In dieser Versammlung wurde beschlossen, daß für alle Regierungsmitglieder und ihre Mitarbeiter, zum Zeichen ihrer Solidarität mit dem Kaiser, von nun an das Gehen an Krücken verbindlich sei. All diejenigen, die diese Entscheidung übertrieben oder gar lächerlich fanden, wurden mit sofortiger Wirkung aus dem Kreis der engen Mitarbeiter ausgeschlossen. Nach und nach wurde so das Gehen mit Krücken zur Gewohnheit und verbreitete sich in den Familien der Regierungsmitglieder, unter ihren Freunden und bei den Beamten in allen Gebieten des Reiches. Einige Jahre später wurde das Krückengehen durch ein kaiserliches Dekret verpflichtend für alle Bewohner.

Ein neugeschaffenes Ministerium übernahm die Oberaufsicht für Produktion und Auslieferung der Krücken. Überall im Reiche wurden Fabriken, Läden, Informationsstellen und Ausbildungszentren für die Kunst des Krückengehens eröffnet. Die denkwürdige Einführung dieses magischen Gegenstandes in die Gebräuche des Reiches wurde alljährlich an einem Nationalfeiertag gebührend gewürdigt, der für den Jahrestag von Agrams Sturz vom Pferd festgelegt wurde.

Hin und wieder kam es auch vor, daß sich jemand weigerte, an der Krücke zu gehen. Solche Menschen wurden von den Sonderpolizeieinheiten des ›Ministeriums für Angemessenes Gehen‹ beseitigt, inhaftiert oder des Reiches verwiesen. In der Organisation wurde nichts dem Zufall überlassen; eigene Abteilungen an den Universitäten und Schulen gewährleisteten die Aus- und Weiterbildung der jungen Generation im Krükkengehen. Nach Agrams Tod setzten seine Nachfolger die Tradition des Krückengehens fort. Fabriken und Kunsthandwerker stellten Krücken verschiedenster Arten und Formen her, aus Gold, Silber, Messing, Holz, Plastik oder sogar aus Stein. Allerdings wurden die steinernen Krücken aufgrund ihres Gewichts nur zur Dekoration und als Ausstellungsobjekte in Museen verwendet.

Das Krückengehen war so natürlich geworden, daß niemand im Reiche des verstorbenen Agram sich ein Leben ohne Krücken vorstellen konnte - bis eines Tages in einer sehr armen Familie ein außergewöhnliches Kind geboren wurde. Schon früh war dieser Junge sensibel und zeigte einen sehr freien Geist. Als er heranwuchs, weigerte er sich, die Kunst des Krückengehens zu erlernen. Es machte ihm nichts aus, anders zu sein als die übrigen Kinder. Seine armen Eltern machten sich natürlich große Sorgen wegen seiner Zukunft und versuchten mit allen Mitteln, ihn in der traditionellen Gehweise zu schulen. Aber der Kleine war dickköpfig. Natürlich mußte vermieden werden, daß die Behörden Kenntnis erhielten von der Weigerung des Kindes, das Krückengehen, eine der bedeutendsten Gewohnheiten dieser Gesellschaft, zu erlernen. Die Eltern zogen deshalb einen weisen Mann zu Rate. Dieser erkannte in dem Kind sofort den lange erwarteten Befreier, der das Volk von Obskurantismus und Ignoranz retten sollte, die Agram und seine Nachfolger verbreitet hatten. Er riet den Eltern, in eine weit entfernte Gegend ins Exil zu gehen. Nur so könnten sie das Leben ihres Kindes retten und sich um seine Erziehung kümmern.

Schweren Herzens folgten sie diesem Rat. Sie machten sich auf den Weg nach Süden, bis sie zur Wüste kamen, wo sie sich in einer fast unbewohnten Oase niederließen. Ihr Sohn *Nemen* wuchs heran und lernte ohne Krücken zu gehen. Auch seine Eltern, die Nachbarn und alle, die auf ihren Reisen in die Oase kamen, lernten von ihm, ohne Krücken zu gehen. Nemen empfing häufig Inspirationen, Visionen und Träume, die ihm dabei halfen, das natürliche Gehen weiterzuentwickeln und zu perfektionieren. Sein tiefer Kontakt zur Natur, zur Oase, zu den Tieren gab ihm Zuversicht und Mut, seine Studien fortzusetzen.

Als Nemen erwachsen wurde, beherrschte er die Kunst, natürlich und ohne Krücken zu gehen. Eine kleine Gruppe von Forschern hatte sich um ihn versammelt. Sie alle wollten ernsthaft lernen, sich von der Last ihrer Krücken zu befreien. Bald kam auch der Geheimpolizei des ›Ministeriums für Angemessenes Gehen‹ die Kunde von diesem Unruhestifter zu Ohren. Nemen und seine Schüler zogen sich in den Untergrund zurück. Sie verteilten sich im ganzen Reich und begannen, geheime Schulen zu gründen, in denen sie die Menschen lehrten, auf zwei Beinen zu gehen. Selbstverständlich wurden sie von der Polizei gesucht.

Stellen Sie sich nur einen Augenblick vor, Millionen von Reichsbewohnern würden plötzlich ohne Krücken gehen. Hunderte von Fabriken müßten schließen, Tausende von Arbeitern würden ihre Stelle verlieren. Zahllose Unternehmen im ganzen Reich müßten Konkurs anmelden. Ganze Wirtschaftszweige würden zusammenbrechen. Die Forschungsabteilungen der wichtigsten Universitäten des Reiches würden ihre Subventionen verlieren. Erziehung, Religion und Sozialsystem wären in Frage gestellt.

Die Vernunft veranlaßte die Regierung, die Traditionen der Vorfahren aufrechtzuerhalten. Eine Veränderung würde nur Unruhe erzeugen und für die gesamte Gesellschaft schwierige Fragen aufwerfen. Darüber hinaus war der Glaube an die Krücken beim größten Teil der Bevölkerung so stark verankert, daß die allermeisten Menschen sich ohnehin nichts anderes vorstellen konnten.

Und dennoch fuhren Nemen und seine Schüler heimlich fort, ihre Methoden zu unterrichten und zu hoffen, daß eines Tages ihre Mitbürger von der Last der Krücken befreit sein würden.«

Das Enneagramm ist eine der Methoden, die Nemen und seine

Schüler entwickelt hatten. Es ist das Symbol der Selbsttransformation und Veränderung schlechthin. Durch die Symbolik des Dreiecks, des Hexagons und des Kreises beschreibt es drei fundamentale Prozesse. Es ist Teil des spirituellen Erbes der Menschheit. Das Enneagramm ist nichts, das jemand für sich beanspruchen könnte. Es wäre ein Irrtum, anzunehmen, daß es von einer ganz bestimmten Sekte oder Tradition stammt. Es wurde uns durch Tausende von Forschern quer durch die spirituelle Geschichte der Menschheit überliefert. Seinem Wesen nach ist es dynamisch und in ständiger Entwicklung.
Genau in diesem Sinne muß auch dieses Werk von Eli Jaxon-Bear gewürdigt werden. Meines Wissens stellt es den ersten Versuch dar, das Enneagramm einfach und praktisch anwendbar zu machen, und kann Tausenden von Menschen von Nutzen sein, die in sich die Kraft und den Wunsch haben, sich als spirituelle Wesen zu verwirklichen.
Zum Abschluß sei gesagt, daß ein tödliches Gift in den Händen des erfahrenen Heilers zum Heilmittel werden kann und ein harmloses Medikament in den Händen des unerfahrenen zum tödlichen Gift. In diesem Sinne lenkt Eli die Aufmerksamkeit des Lesers auch auf die Gefahren bei der Anwendung des Enneagramms: »Da das Enneagramm so kraftvoll ist, kann es bei falschem Gebrauch in der persönlichen Entwicklung dazu führen, daß du noch tiefer in die Egofixierung zurückfällst.«
Unser Egoismus hindert uns Menschen oft daran, die Vielzahl der möglichen Lebensformen auf diesem Planeten zu sehen. Wir übersehen die wechselseitigen Beziehungen zwischen uns und der Gesamtheit der Geschöpfe. Wir wollen uns unsere Abhängigkeit von der Erde - Nahrung, Energie, Rohstoffe und Leben - kaum eingestehen. Viele von uns verweigern noch die irdische Seite ihres Wesens. Nach wie vor behandeln wir die Erde wie Fremde, wie Feinde: ohne Achtung und Dankbarkeit.
Angst ist häufig Ursache für Grausamkeit. Die Angst vor unserer irdischen Natur führt uns zur Zerstörung des natürli-

chen Gleichgewichts und zu unserer eigenen Zerstörung. Nur durch unsere irdische Natur können wir uns entwickeln, verändern, transformieren und uns lieben.
Es ist Zeit, vom Stadium der Einteilung der Lebewesen in Kategorien und Grade zu dem Stadium zu finden, in dem wir eine globale Vision für die Rolle jedes einzelnen von uns auf unserer Mutter Erde und im Kosmos entwickeln. Da unser Geist fähig ist, in dieser Welt einen Körper anzunehmen, wird auch unser Körper fähig sein, einen Geist anzunehmen.
Dieses Buch wird sicherlich dazu beitragen, daß jeder/jedem von uns bewußter wird, welche Rolle wir auf diesem Planeten übernehmen können, um Frieden und Licht wiederherzustellen.